中华人民共和国行业标准

公路路基路面现场测试规程

Field Test Methods of Subgrade and Pavement for Highway Engineering

JTG E60—2008

主编单位:交通部公路科学研究院
批准部门:中华人民共和国交通运输部
施行日期:2008 年 09 月 01 日

人民交通出版社

图书在版编目(CIP)数据

公路路基路面现场测试规程:JTG E60—2008/交通部公路科学研究院主编.—北京:人民交通出版社,2008.8
ISBN 978-7-114-07296-3

I.公… II.交… III.①公路路基-道路工程-工程质量-测试技术-行业标准-中国②路面-道路工程-工程质量-测试技术-行业标准-中国 IV.TU416.06-65

中国版本图书馆CIP数据核字(2008)第112516号

中华人民共和国行业标准
公路路基路面现场测试规程
JTG E60—2008
交通部公路科学研究院 主编
人民交通出版社出版发行
(100011 北京市朝阳区安定门外外馆斜街3号)
各地新华书店经销
北京市密东印刷有限公司印刷
开本:880×1230 1/16 印张:9 字数:284千
2008年8月 第1版
2019年11月 第16次印刷
定价:50.00元
ISBN 978-7-114- 07296-3

中华人民共和国交通运输部
公　　告

2008年第8号

关于公布《公路路基路面现场测试规程》(JTG E60—2008)的公告

现公布《公路路基路面现场测试规程》(JTG E60—2008),作为公路工程行业标准,自2008年9月1日起施行,原《公路路基路面现场测试规程》(JTJ 059—95)同时废止。

该规程的管理权和解释权归交通运输部,日常解释和管理工作由主编单位交通部公路科学研究院负责。请各有关单位在实践中注意总结经验,若有修改意见请函告交通部公路科学研究院(地址:北京市海淀区西土城路8号,邮政编码:100088)。

特此公告。

中华人民共和国交通运输部

二〇〇八年五月二十八日

主题词:公路　规程　公告

交通运输部办公厅　　2008年5月29日印发

前　言

《公路路基路面现场测试规程》(JTJ 059—95)(以下简称原规程)自发布实施以来,对公路工程的现场施工控制、施工质量验收和养护状况的调查与检测等工作起到了积极的规范和指导作用,为提高公路建设和使用质量作出了重要的贡献。但我国公路建设的快速发展对工程现场试验检测技术、设备性能和规范化操作提出了更高的要求,原规程需作进一步修订和完善。为此,交通部于2004年下达了原规程的修订任务,委托交通部公路科学研究院具体负责修订工作。

修订工作组总结了多年来工程实践经验和科研成果,参阅了大量国际、国内仪器设备标准和技术资料,广泛征求了有关单位的意见,经过反复修改,完成了修订工作。

修订后的规程由14章、2个附录构成,主要修订内容有:

1. 修改完善了部分试验方法的适用范围、仪具材料技术要求、方法与步骤;

2. 补充了部分测试设备的对比试验方法和影响因素修正方法;

3. 取消了手推式激光构造深度仪测定沥青路面构造深度试验方法和落球仪快速测定土基现场CBR值试验方法;

4. 删除了沥青路面破损调查方法和水泥混凝土路面破损调查方法,有关内容由相关行业标准规定;

5. 增加了短脉冲雷达路面测厚仪、车载式激光平整度仪、几何数据测试系统、车载式激光构造深度仪、双轮式横向力系数测试系统、动态旋转式摩擦系数测试仪、无核密度仪、动力锥贯入仪、激光或超声波车辙仪等九项新设备的试验方法及沥青混合料质量总量测试方法和半刚性基层透层油渗透深度测试方法。

本规程由交通部公路科学研究院负责具体解释,希望各单位在使用中注意总结经验,及时将意见和建议函告交通部公路科学研究院(地址:北京市海淀区西土城路8号,邮政编码:100088,E-mail:s.he@rioh.cn),以便修订时研用。

主 编 单 位:交通部公路科学研究院
参 编 单 位:北京市道路工程质量监督站
长安大学
主要起草人:和　松　李福普　常成利　刘清泉　陈　景　严二虎
周绪利　宋宏勋　钱敬之　窦光武　张　波

目　录

1 总　则

1.0.1 为适应我国公路建设和管理的需要,保证公路路基路面工程的施工和养护质量,规范各类现场检测仪具与设备、试验方法和操作要求,制定本规程。

1.0.2 本规程适用于公路路基路面的现场调查、工程质量检测以及技术状况检测等。

1.0.3 按本规程规定的试验方法进行测试路段的质量评定或验收时,路段选择及采样方法应遵照相应的施工、养护技术规范或《公路工程质量检验评定标准(土建工程)》(JTG F80/1)的规定进行。

1.0.4 按本规程试验用的仪具设备,均应符合相应的标准规定,并经检验合格。

1.0.5 本规程采用国家法定标准计量单位制。

1.0.6 对公路路基路面进行现场测试时,除应遵照本规程规定外,尚应符合国家和行业现行相关标准及规范的规定。

条文说明

本规程的适用范围主要是公路工程路基路面的原位测试,以及在施工过程中进行质量管理与检查,施工结束后的竣工验收以及道路使用期的路况评定,可供施工单位、工程监理、质量监督部门等使用。从20世纪90年代开始,国内各省公路建设管理部门、科研机构、检测机构及大专院校陆续配备了国内外各种自动化路面测试设备。大量昂贵的进口和国产自动化路面测试设备投入运行使用,对促进公路建设和运营质量的提高起到了很大作用,但也存在很多问题。尤其是同一类设备虽然测试的指标相同,由于生产厂家、工作原理、测试方式及精度控制标准等的不同,导致所有同类设备的检测结果存在较大差别,同时缺乏一个能够共同遵循的测试规程来保证测试质量。另外,各种设备检测出的数据格式、统计方式和标准多种多样。因此,统一和规范自动化检测的标准方法及相关规定非常重要。公路工程的现场测试属于原位测试,但还有一些测试项目,尽管也需要在现场进行,却不属于原位测试性质,已在其他规程,如土工、基层材料、沥青材料、集料等规程中列出,未包括在本规程中。与路基路面使用性能有关的许多测试项目如噪声、振动等公害调查,也未包括在本规程中。

对一个测试项目,往往可以用多种方法测试。例如密度、压实度可以用环刀法、挖坑灌砂法、核子密湿度仪法、钻孔法等,其他许多指标都有类似情况。除已在其他相关规程中列出者外,本规程尽量将各种方法都收入,既照顾各地的使用习惯,又满足各种不同情况选用不同的方法。但施工控制、验收检查、质量评定等往往需要一种标准方法,至于选用何种方法作为标准方法,则以有关的设计、施工及验收等规范的规定为准。

本规程未作规定的现场测试项目和检测设备,可依照国内外有关试验方法的规定进行试验和使用,所采用设备检测结果不符合标准计量要求时,应予换算使用,并在试验报告中说明。

现场测试是为施工过程中质量管理与检查,施工结束后的竣工验收及建立道路管理系统服务的,各相关规范对检测路段选择、检测频率都有具体规定,本规程只对其作原则上的说明,具体可遵照相关规范执行。

2 术语、符号

2.1 术　　语

2.1.1 路基宽度 subgrade width

为行车道与路肩宽度之和，以 m 计。当设有中间带、变速车道、爬坡车道、紧急停车带时，尚应包括这些部分的宽度。

2.1.2 路面宽度 pavement width

包括行车道、路缘带、变速车道、爬坡车道、硬路肩和紧急停车带的宽度，以 m 计。

2.1.3 路基横坡 subgrade cross slope

路槽中心线与路槽边缘两点高程差与水平距离的比值，以百分率表示。

2.1.4 路面横坡 pavement cross slope

对无中央分隔带的道路是指路拱表面直线部分的坡度，对有中央分隔带的道路是指路面与中央分隔带交界处及路面边缘与路肩交界处两点的高程差与水平距离的比值，以百分率表示。

2.1.5 路面中线偏位 deviation of pavement center-line

路面实际中心线偏离设计中心线的距离，以 mm 计。

2.1.6 压实度 degree of compaction

筑路材料压实后的干密度与标准最大干密度之比，以百分率表示。

2.1.7 平整度 roughness

路面表面相对于理想平面的竖向偏差。

2.1.8 弹性模量 elastic modulus

材料在弹性极限内应力与应变的比值。

2.1.9 水泥混凝土强度 strength of cement concrete

水泥混凝土标准试件在规定条件下养生后的抗压强度。

2.1.10 弯沉 deflection

在规定的荷载作用下,路基或路面表面产生的总垂直变形值(总弯沉)或垂直回弹变形值(回弹弯沉),以0.01mm为单位表示。

2.1.11 构造深度 texture depth

路表面开口空隙的平均深度,即宏观构造深度TD,以mm计。

2.1.12 摆值 British pendulum number

用摆式摩擦系数测定仪测定路面在潮湿条件下的摩擦系数表征值,为摩擦系数的100倍,即BPN。

2.1.13 横向力系数 sideway force coefficient

与行车方向成20°偏角的测定轮以一定速度行驶时,专用轮胎与潮湿路面之间的测试轮轴向摩擦阻力与垂直荷载的比值,简称SFC,无量纲。

2.1.14 渗水系数 water permeability coefficient

在规定的初始水头压力下,单位时间内渗入路面规定面积的水的体积,以mL/min计。

2.1.15 路面错台 faulted joint slabs

不同构造物或相邻水泥混凝土板块接缝间出现的高程突变,以mm计。

2.1.16 车辙 rut

路面经汽车反复行驶产生流动变形、磨损、沉陷后,在车行道行车轨迹上产生的纵向带状辙槽,车辙深度以mm计。

2.1.17 土基的现场CBR值 field CBR of soil subgrade

在公路土基现场条件下按规定方法进行贯入试验,得到荷载压强—贯入量曲线,读取规定贯入量的荷载压强与标准压强的比值,以百分数表示。

2.2 符　　号

δ_{m}——平整度(最大间隙);

Δ_{CL}——路面中线偏位;

R_{U}——路面车辙深度;

TD——构造深度；

BPN——摆值；

SFC——横向力系数；

C_w——渗水系数；

E_0——土基回弹模量；

E_1——路面材料回弹模量；

CBR——土基加州承载比；

μ——路面材料泊松比；

VBI——颠簸累积仪位移累积值；

IRI——国际平整度指数；

OWP——车道外侧轮迹带位置；

IWP——车道内侧轮迹带位置。

3 现场取样

T 0901—2008 取样方法

1 目的与适用范围

1.1 本方法适用于路面取芯钻机或路面切割机在现场钻取或切割路面的代表性试样。

1.2 本方法适用于对水泥混凝土面层、沥青混合料面层或水泥、石灰、粉煤灰等无机结合料稳定基层取样，以测定其密度或其他物理力学性质。

1.3 本方法钻孔采取芯样的直径不宜小于最大集料粒径的3倍。

2 仪具与材料技术要求

本方法需要下列仪具与材料：

(1)路面取芯钻机：牵引式(可用手推)或车载式，钻机由发动机或电力驱动。钻头直径根据需要决定，选用 ϕ100mm 或 ϕ150mm 钻头，均有淋水冷却装置。

(2)路面切割机：手推式或牵引式，由发动机或电力驱动，也可利用汽车动力由液压泵驱动，附金刚石锯片，有淋水冷却装置。

(3)台秤。

(4)盛样器(袋)或铁盘等。

(5)干冰(固体 CO_2)。

(6)试样标签。

(7)其他：镐、铁锹、量尺(绳)、毛刷、硬纸、棉纱等。

3 方法与步骤

3.1 准备工作

(1)确定路段。可以是一个作业段、一天完成的路段，或按相关规范的规定选取一定长度的检查路段。

(2)按本规程附录A的方法确定取样的位置。

(3)将取样位置清扫干净。

3.2 取样步骤

(1)在选取采样地点的路面上,先用粉笔对钻孔位置作出标记或画出切割路面的大致面积。切割路面的面积根据目的和需要确定。

(2)用钻机在取样地点垂直对准路面放下钻头,牢固安放钻机,使其在运转过程中不得移动。

(3)开放冷却水,启动电动机,徐徐压下钻杆,钻取芯样,但不得使劲下压钻头。待钻透全厚后,上抬钻杆,拔出钻头,停止转动,不使芯样损坏,取出芯样。沥青混合料芯样及水泥混凝土芯样可用清水漂洗干净备用。

注:由于试验需要不能用水冷却时,应采用干钻孔。此时为保护钻头,可先用干冰约 3kg 放在取样位置上,冷却路面约 1h,钻孔时通以低温 CO_2 等冷却气体以代替冷却水。

(4)用切割机切割时,将锯片对准切割位置,开放冷却水,启动电动机,徐徐压下锯片到要求深度(厚度),仔细向前推进,到需要长度后抬起锯片,四面全部锯毕后,用镐或铁锹仔细取出试样。取得的路面试块应保持边角完整,颗粒不得散失。

(5)采取的路面混合料试样应整层取样,试样不得破碎。

(6)将钻取的芯样或切割的试块,妥善盛放于盛样器中,必要时用塑料袋封装。

(7)填写样品标签,一式两份,一份粘贴在试样上,另一份作为记录备查。试样标签的示例如图 T 0901 所示。

(8)对钻孔或被切割的路面坑洞,应采用同类型材料填补压实,但取样时留下的水分应用棉纱等吸走,待干燥后再补坑。

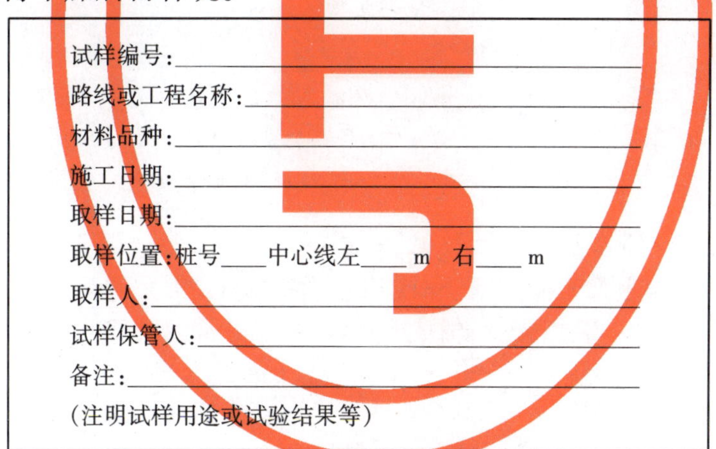
试样编号:____________
路线或工程名称:____________
材料品种:____________
施工日期:____________
取样日期:____________
取样位置:桩号____中心线左____m 右____m
取样人:____________
试样保管人:____________
备注:____________
(注明试样用途或试验结果等)

图 T 0901 试样标签示例

条文说明

从路面上钻孔取样是近年来广泛采用的标准试验方法,钻孔试样可用来测定厚度、密度、材料级配及其他许多试验,为此列入本规程中。本方法是总结多年的实践经验编写的。

钻头有两种:一类适用于对水泥混凝土路面与无机结合料稳定基层使用,另一类适用于沥青面层,也可通用,均有淋水冷却装置。芯样的直径取决于钻头,通常有 ϕ50mm、ϕ100mm、ϕ150mm,按照试件直径大于最大集料粒径的 3 倍的要求,对沥青混合料及水泥混凝土路面通常采用 ϕ100mm 的钻头,对水泥、石灰等无机结合料稳定基层,细粒土可使用 ϕ100mm,粗粒土可使用 ϕ150mm。

关于钻头不能用水冷却时可采用干冰冷却的方法摘自美国的试验方法。

4 几何尺寸

T 0911—2008 路基路面几何尺寸测试方法

1 目的与适用范围

本方法适用于路基路面各部分的宽度、纵断面高程、横坡及中线平面偏位等几何尺寸的检测,以供道路施工过程、路面交竣工验收及旧路调查使用。

2 仪具与材料技术要求

本方法需要下列仪具与材料:

(1)长度量具:钢卷尺。

(2)经纬仪、精密水准仪、塔尺或全站仪。

(3)其他:粉笔等。

3 方法与步骤

3.1 准备工作

(1)在路基或路面上准确恢复桩号。

(2)根据有关施工规范或《公路工程质量检验评定标准(土建工程)》(JTG F80/1)的要求,按附录A的方法,在一个检测路段内选取测定的断面位置及里程桩号,在测定断面作上标记。通常将路面宽度、横坡、高程及中线平面偏位选取在同一断面位置,且宜在整数桩号上测定。

(3)根据道路设计的要求,确定路基路面各部分的设计宽度的边界位置。在测定位置上用粉笔作上记号。

(4)根据道路设计的要求,确定设计高程的纵断面位置。在测定位置上用粉笔作上记号。

(5)根据道路设计的要求,在与中线垂直的横断面上确定成型后路面的实际中心线位置。

(6)根据道路设计的路拱形状,确定曲线与直线部分的交界位置及路面与路肩(或硬路肩)的交界处,作为横坡检验的基准;当有路缘石或中央分隔带时,以两侧路缘石边缘为横坡测定的基准点,用粉笔作上记号。

3.2 路基路面各部分的宽度及总宽度测试步骤

用钢尺沿中心线垂直方向水平量取路基路面各部分的宽度,以m表示,对高速公路及一级公路，准确至0.005m；对其他等级公路，准确至0.01m。测量时钢尺应保持水平，不得将尺紧贴路面量取，也不得使用皮尺。

3.3 纵断面高程测试步骤

(1)将精密水准仪架设在路面平顺处调平，将塔尺竖立在中线的测定位置上，以路线附近的水准点高程作为基准。测记测定点的高程读数，以m表示，准确至0.001m。

(2)连续测定全部测点，并与水准点闭合。

3.4 路面横坡测试步骤

(1)设有中央分隔带的路面：将精密水准仪架设在路面平顺处调平，将塔尺分别竖立在路面与中央分隔带分界的路缘带边缘 d_1 处及路面与路肩交界位置（或外侧路缘石边缘）d_2 处，d_1 与 d_2 两测点必须在同一横断面上，测量 d_1 与 d_2 处的高程，记录高程读数，以m表示，准确至0.001m。

(2)无中央分隔带的路面：将精密水准仪架设在路面平顺处调平，将塔尺分别竖立在路拱曲线与直线部分的交界位置 d_1 及路面与路肩（或硬路肩）的交界位置 d_2 处，d_1 与 d_2 两测点必须在同一横断面上，测量 d_1 与 d_2 处的高程，记录高程读数，以m表示，准确至0.001m。

(3)用钢尺测量两测点的水平距离，以m表示，对高速公路及一级公路，准确至0.005m；对其他等级公路，准确至0.01m。

3.5 中线偏位测试步骤

(1)有中线坐标的道路：首先从设计资料中查出待测点 P 的设计坐标，用经纬仪对该设计坐标进行放样，并在放样点 P' 做好标记，量取 PP' 的长度，即为中线平面偏位 Δ_{CL}，以mm表示。对高速公路及一级公路，准确至5mm；对其他等级公路，准确至10mm。

(2)无中桩坐标的低等级道路：应首先恢复交点或转点，实测偏角和距离，然后采用链距法、切线支距法或偏角法等传统方法敷设道路中线的设计位置，量取设计位置与施工位置之间的距离，即为中线平面偏位 Δ_{CL}，以mm表示，准确至10mm。

4 计算

4.1 按式(T 0911-1)计算各个断面的实测宽度 B_{1i} 与设计宽度 B_{0i} 之差。总宽度为路基路面各部分宽度之和。

$$\Delta B_i = B_{1i} - B_{0i} \tag{T 0911-1}$$

式中：B_{1i}——各断面的实测宽度(m)；

B_{0i}——各断面的设计宽度(m)；

ΔB_i——各断面的实测宽度和设计宽度的差值(m)。

4.2 按式(T 0911-2)计算各个断面的实测高程 H_{1i}与设计高程 H_{0i}之差。

$$\Delta H_i = H_{1i} - H_{0i} \tag{T 0911-2}$$

式中：H_{1i}——各个断面的纵断面实测高程(m)；

H_{0i}——各个断面的纵断面设计高程(m)；

ΔH_i——各个断面的纵断面实测高程和设计高程的差值(m)。

4.3 各测定断面的路面横坡按式(T 0911-3)计算,准确至一位小数。按式(T 0911-4)计算实测横坡 i_{1i}与设计横坡 i_{0i}之差。

$$i_{1i} = \frac{d_{1i} - d_{2i}}{B_{1i}} \times 100 \tag{T 0911-3}$$

$$\Delta i_i = i_{1i} - i_{0i} \tag{T 0911-4}$$

式中：i_{1i}——各测定断面的横坡(%)；

d_{1i}及 d_{2i}——3.4 所述各断面测点 d_1 及 d_2 处的高程读数(m)；

B_{1i}——各断面测点 d_1 与 d_2 之间的水平距离(m)；

i_{0i}——各断面的设计横坡(%)；

Δi_i——各测定断面的横坡和设计横坡的差值(%)。

4.4 根据本规程附录 B 的方法计算一个评定路段内各测定断面的宽度、高程、横坡以及中线平面偏位的平均值、标准差、变异系数,但加宽及超高部分的测定值不参与计算。

5 报告

5.1 以评定路段为单位列出桩号、宽度、高程、横坡以及中线偏位测定的记录表,记录平均值、标准差、变异系数。注明不符合规范要求的断面。

5.2 纵断面高程测试报告中应报告实测高程与设计高程的差值,低于设计高程为负,高于设计高程为正。

5.3 路面横坡测试报告中应报告实测横坡与设计横坡的差值。实测横坡小于设计横坡差值为负;实测横坡大于设计横坡差值为正。

条文说明

路基路面的几何尺寸,即宽度、纵断面高程、横坡及中线平面偏位等是施工质量检查及竣工验收的规定项目,根据生产需要,列入本规程。

路基路面宽度的测定方法看起来很简单,但对宽度的定义则各有各的理解,尤其是当路面有路拱、横坡时,路面宽度必须是水平宽度,如果尺子贴地面量,测定的是斜面,这是不正确的。另外,测定时不得使用皮尺,必须使用钢尺。

现在道路设计时对纵断面高程规定的断面位置并不统一，有的以中线位置为设计断面，有的以路基边缘为设计断面，对有无中央分隔带的情况也不一致。为此本方法不规定测定断面的位置，仅规定按照道路设计标准决定测定断面位置。

高程检验的关键在于测定高程的位置是否准确。在路基测定时，施工桩号尚在，还比较容易准确。但在路面竣工以后及旧路调查时，桩号已经没有，或者已成了新桩号，如果恢复桩号位置不准确，高程测定值将无法检验是否符合要求。例如对纵坡5%的路段，桩号相差1m，高程相差5cm，便已超过了竣工验收的允许差。所以本方法规定恢复桩号要准确，这对于用最新的全站仪测量可以做到，但对普通经纬仪，尤其是山区公路就困难了，这一点应当特别注意。

路基路面在中心线处建有路拱时，横坡的测定变得很困难，因为路拱是一个曲线，设计横坡则是指直线部分的横坡。测量时路基横坡是指路槽顶面的横坡，路面横坡是路面中心线与路面边缘高程之差对距离的比值。由于路拱断面往往并非一直线，故测定值仅仅是平均横坡，与设计横断面形状的横坡将有所不同，这一点在比较时应该注意。即可将设计横坡按设计横断面图进行计算，换算成设计的平均横坡，然后计算实测横坡与设计横坡之差。

T 0912—2008　挖坑及钻芯法测定路面厚度试验方法

1　目的与适用范围

本方法适用于路面各层施工过程中的厚度检验及工程交工验收检查使用。

2　仪具与材料技术要求

本方法根据需要选用下列仪具和材料：

(1)挖坑用镐、铲、凿子、锤子、小铲、毛刷。

(2)路面取芯样钻机及钻头、冷却水。钻头的标准直径为ϕ100mm，如芯样仅供测量厚度，不做其他试验时，对沥青面层与水泥混凝土板也可用直径ϕ50mm的钻头，对基层材料有可能损坏试件时，也可用直径ϕ150mm的钻头，但钻孔深度均必须达到层厚。

(3)量尺：钢板尺、钢卷尺、卡尺。

(4)补坑材料：与检查层位的材料相同。

(5)补坑用具：夯、热夯、水等。

(6)其他：搪瓷盘、棉纱等。

3　方法与步骤

3.1　基层或砂石路面的厚度可用挖坑法测定，沥青面层及水泥混凝土路面板的厚度应用钻孔法测定。

3.2　挖坑法厚度测试步骤：

(1)根据现行相关规范的要求，按附录A的方法，随机取样决定挖坑检查的位置，如为旧路，该点有坑洞等显著缺陷或接缝时，可在其旁边检测。

(2)在选择试验地点,选一块约 40cm×40cm 的平坦表面,用毛刷将其清扫干净。

(3)根据材料坚硬程度,选择镐、铲、凿子等适当的工具,开挖这一层材料,直至层位底面。在便于开挖的前提下,开挖面积应尽量缩小,坑洞大体呈圆形,边开挖边将材料铲出,置于搪瓷盘中。

(4)用毛刷将坑底清扫,确认为下一层的顶面。

(5)将钢板尺平放横跨于坑的两边,用另一把钢尺或卡尺等量具在坑的中部位置垂直伸至坑底,测量坑底至钢板尺的距离,即为检查层的厚度,以 mm 计,准确至 1mm。

3.3 钻孔取芯样法厚度测试步骤:

(1)根据现行相关规范的要求,按附录 A 的方法,随机取样决定钻孔检查的位置,如为旧路,该点有坑洞等显著缺陷或接缝时,可在其旁边检测。

(2)按本规程 T 0901 的方法用路面取芯钻机钻孔,芯样的直径应符合本方法第 2 条的要求,钻孔深度必须达到层厚。

(3)仔细取出芯样,清除底面灰土,找出与下层的分界面。

(4)用钢板尺或卡尺沿圆周对称的十字方向四处量取表面至上下层界面的高度,取其平均值,即为该层的厚度,准确至 1mm。

3.4 在沥青路面施工过程中,当沥青混合料尚未冷却时,可根据需要随机选择测点,用大螺丝刀插入至沥青层底面深度后用尺读数,量取沥青层的厚度,以 mm 计,准确至 1mm。

3.5 按下列步骤用与取样层相同的材料填补挖坑或钻孔:

(1)适当清理坑中残留物,钻孔时留下的积水应用棉纱吸干。

(2)对无机结合料稳定层及水泥混凝土路面板,应按相同配合比用新拌的材料分层填补并用小锤压实。水泥混凝土中宜掺加少量快凝早强剂。

(3)对无结合料粒料基层,可用挖坑时取出的材料,适当加水拌和后分层填补,并用小锤压实。

(4)对正在施工的沥青路面,用相同级配的热拌沥青混合料分层填补并用加热的铁锤或热夯压实,旧路钻孔也可用乳化沥青混合料修补。

(5)所有补坑结束时,宜比原面层略鼓出少许,用重锤或压路机压实平整。

注:补坑工序如有疏忽、遗留或补得不好,易成为隐患而导致开裂,所有挖坑、钻孔均应仔细做好。

4 计算

4.1 按式(T 0912)计算路面实测厚度 T_{1i}与设计厚度 T_{0i}之差。

$$\Delta T_i = T_{1i} - T_{0i} \quad \text{(T 0912)}$$

式中:T_{1i}——路面的实测厚度(mm);

T_{0i}——路面的设计厚度(mm);

ΔT_i——路面实测厚度与设计厚度的差值(mm)。

4.2 当为检查路面总厚度时，则将各层平均厚度相加即为路面总厚度。按本规程附录B的方法，计算一个评定路段检测厚度的平均值、标准差、变异系数，并计算代表厚度。

5 报告

路面厚度检测报告应列表填写，并记录与设计厚度之差，不足设计厚度为负，大于设计厚度为正。

条文说明

路面厚度是施工过程中质量控制及施工验收的必测项目，故列入本测试规程。此方法按工程实际经验编写。

路面厚度的检测，通常规定以测量钻孔试件厚度或挖坑法为标准试验方法，属于破坏性检验。因此，在沥青路面施工过程中，取消了施工过程中挖坑检测厚度的方法，应尽量采用无破损方法进行检验，以减少对路面造成损坏或留下后患。测定点数或具体的检测方法参照相关规范执行。

T 0913—2008 短脉冲雷达测定路面厚度试验方法

1 目的与适用范围

1.1 本方法适用于采用短脉冲雷达无损检测路面面层厚度。

1.2 本方法的数据采集、传输、记录和数据处理分别由专用软件自动控制进行。

1.3 本方法适用于新建、改建路面工程质量验收和旧路加铺路面设计的厚度调查。

1.4 雷达发射的电磁波在路面层传播过程中会逐渐削弱、消散、层面反射。雷达最大探测深度是由雷达系统的参数以及路面材料的电磁属性决定的。对于材料过度潮湿或饱和以及有高含铁量矿渣集料的路面不适合用本方法测试。

2 仪具与材料技术要求

雷达测试系统由承载车、天线、雷达发射接收器和控制系统组成，设备部分如图T 0913所示。

2.1 设备承载车基本技术要求和参数

设备承载车车型应满足设备制造商的要求。

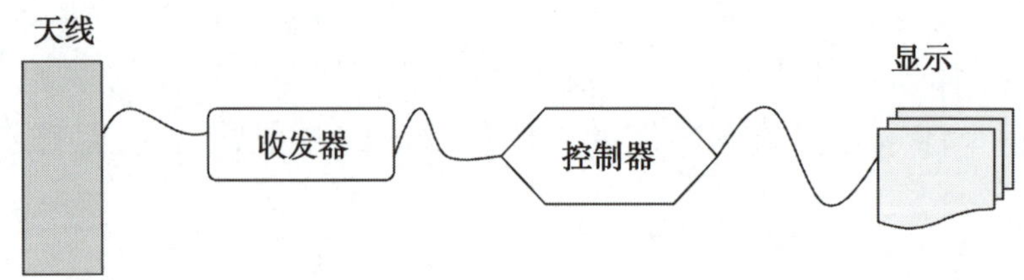

图 T 0913　雷达系统组成图

2.2　测试系统技术要求和参数

(1)距离标定误差:≤0.1%。

(2)设备工作温度:0~40℃。

(3)最小分辨层厚:≤40mm。

(4)系统测量精度要求:见表 T 0913。

表 T 0913　系统测量精度技术要求

测量深度(cm)	测量误差(mm)	测量深度(cm)	测量误差(mm)
<10	±3	>25	±10
10~25	±5		

(5)天线:喇叭形空气耦合天线,带宽能适应所选择的发射脉冲频率。

(6)收发器:脉冲宽度≤1.0ns,时间信号处理能力可以适应所需的测试深度。

3　方法与步骤

3.1　准备工作

(1)距离标定:承载车行驶超过 20 000km,更换轮胎,或使用超过 1 年的情形下需要进行距离标定。距离标定方法根据厂商提供的使用说明进行。

(2)安装雷达天线:将雷达天线按照厂商提供的安装方法牢固安装好,并将天线与主机的连线连接好。

(3)检查连接线安装无误后开机预热,预热时间不得少于厂商规定的时间。

(4)将金属板放置在天线正下方,启动控制软件的标定程序,获取相应参数。

(5)打开控制软件的参数设置界面,根据不同的检测目的,设置采样间隔、时间窗、增益等参数。

3.2　测试步骤

(1)将承载车停在起点,开启安全警示灯,启动软件测试程序,令驾驶员缓慢加速车辆到正常检测速度。

(2)检测过程中,操作人员应记录测试线路所遇到的桥梁、涵洞、隧道等构造物的起终点。

(3)当测试车辆到达测试终点后,操作人员停止采集程序。

(4)芯样标定:为了准确反算出路面厚度,必须知道路面材料的介电常数,通常采用在路面上钻芯取样方法以获取路面材料的介电常数。做法是首先令雷达天线在需要标定芯样点的上方采样,然后钻芯,最后将芯样的真实厚度数据输入到计算程序中,反算出路面材料的介电常数或者雷达波在材料中的传播速度;路面材料的介电常数会随集料类型、沥青产地、密度、湿度等而不同。测试过程中应根据实际情况增加芯样钻取数量,以保证测试厚度的准确性。

(5)操作人员检查数据文件,文件应完整,内容应正常,否则应重新测试。

(6)关闭测试系统电源,结束测试。

4 计算

4.1 计算原理:由于地下介质具有不同的介电常数,造成各种介质具有不同的电导性,电导性的差异影响了电磁波的传播速度。一般用下面公式计算电磁波在不同介质中的传播速度。

$$v = \frac{c}{\sqrt{\varepsilon_r}} \tag{T 0913-1}$$

式中:v——电磁波在介质中的传播速度(mm/ns);

c——电磁波在空气中的传播速度,取 300mm/ns;

ε_r——介质的相对介电常数。

根据雷达波在路面面层中的双程走时以及材料的相对介电常数,用下式确定面层厚度。

$$T = \frac{\Delta t \times c}{2\sqrt{\varepsilon_r}} \tag{T 0913-2}$$

式中:T——面层厚度(mm);

c——电磁波在空气中的传播速度,取 300mm/ns;

ε_r——相对介电常数;

Δt——雷达波在路面面层中的双程走时(ns)。

4.2 路面材料的相对介电常数 ε_r 可以通过路面芯样获得。路面厚度的计算通常先由雷达波识别软件自动识别各层分界线,得到雷达波在各层中的双程走时,然后计算各层厚度。

5 报告

路面厚度测试报告应包括检测路段的厚度平均值、标准差、厚度代表值。

条文说明

短脉冲雷达是目前国内外已普遍用于测试路面结构层厚度的一种无损测试设备。其沥青面层的测试误差一般可控制在3mm内,但是其测试效率是传统方法所无法相比的。考虑到目前国内工程检验中大量使用该设备,故本次修订将其纳入规程。

建议测试路面厚度小于10cm时,宜选用频率大于2GHz的雷达天线;路面厚度为10~25cm时,宜选用频率大于1.5GHz的雷达天线;路面厚度大于25cm时,宜选用频率大于1GHz的雷达天线。

T 0914—2008　几何数据测试系统测定路面横坡试验方法

1　目的与适用范围

1.1　本方法适用于各类几何数据测试系统在正常行车条件下连续采集路面的横坡数据。

1.2　本方法的数据采集、传输、记录和数据处理由专用软件自动控制进行。

1.3　本方法适用于新建、改建路面工程质量验收和无严重坑槽、车辙等病害的通车运行路面的横坡评价。

1.4　测试过程中路面应整洁,宜选择风力较小时。

2　仪具与材料技术要求

几何数据测试系统由承载车、数据采集处理系统和距离测量系统组成。

2.1　设备承载车基本技术要求和参数

几何数据测试系统承载车的车身高度不宜超过1.7m,车型满足设备制造商的要求。

2.2　测试系统技术要求和参数

(1)距离标定误差:≤0.1%。

(2)设备工作温度:-10~60℃。

(3)横坡分辨率:≤0.1°。

3　方法与步骤

3.1　准备工作

(1)检查轮胎气压,使气压达到车辆正常使用的轮胎气压。

(2)距离标定:承载车每行驶5 000km或者更换轮胎必须进行距离标定,距离标定长度1 000m,误差0.1%。

(3)将控制面板电源打开,检查各项控制功能键、指示灯和技术参数选择状态。

3.2　测试步骤

(1)打开测试系统,通电预热时间不少于设备操作手册的规定。

(2)每次测试开始前或连续测试长度超过 100km 后必须按照设备使用手册规定的方法进行系统偏差标定。

(3)按照设备操作手册的规定和测试路段的现场技术要求设置完毕所需的测试状态。

(4)驾驶员以恒定加速度加速至测试速度,测试车速宜为 30 ~ 90km/h。沿正常行车轨迹驶入测试路段。测试过程中承载车应沿车道线匀速行驶,不能超车、变线。

(5)进入测试路段后,测试人员在测试过程中必须及时准确地将测试路段的起终点和其他需要特殊标记的点的位置输入测试数据记录中。

(6)当承载车驶出测试路段后,停车,设备操作人员停止数据采集和记录,并恢复仪器各部分至初始状态。

(7)检查测试数据,内容应正常,否则重新测试。

(8)关闭测试系统电源,结束测试。

4 报告

报告应包括横坡值的平均值、标准差和变异系数。

条文说明

本试验方法适用于目前采用激光测距仪、加速度传感器和陀螺仪等设备测试地面横坡的自动化测试系统。由于车辆行驶过程中路面状况和外界风力等因素会影响测试结果,因此对车辆高度和测试速度作了限制性规定。

5 压 实 度

T 0921—2008 挖坑灌砂法测定压实度试验方法

1 目的与适用范围

1.1 本方法适用于在现场测定基层(或底基层)、砂石路面及路基土的各种材料压实层的密度和压实度检测。但不适用于填石路堤等有大孔洞或大孔隙的材料压实层的压实度检测。

1.2 用挖坑灌砂法测定密度和压实度时,应符合下列规定:

(1)当集料的最大粒径小于13.2mm,测定层的厚度不超过150mm时,宜采用ϕ100mm的小型灌砂筒测试。

(2)当集料的最大粒径等于或大于13.2mm,但不大于31.5mm,测定层的厚度不超过200mm时,应用ϕ150mm的大型灌砂筒测试。

2 仪具与材料技术要求

本方法需要下列仪具与材料:

(1)灌砂筒:有大小两种,根据需要采用。形式和主要尺寸见图T 0921及表T 0921。当尺寸与表中不一致,但不影响使用时,亦可使用。上部为储砂筒,筒底中心有一个圆孔。下部装一倒置的圆锥形漏斗,漏斗上端开口,直径与储砂筒的圆孔相同,漏斗焊接在一块铁板上,铁板中心有一圆孔与漏斗上开口相接。在储砂筒筒底与漏斗顶端铁板之间设有开关。开关为一薄铁板,一端与筒底及漏斗铁板铰接在一起,另一端伸出筒身外,开关铁板上也有一个相同直径的圆孔。

(2)金属标定罐:用薄铁板制作的金属罐,上端周围有一罐缘。

(3)基板:用薄铁板制作的金属方盘,盘的中心有一圆孔。

(4)玻璃板:边长约500~600mm的方形板。

(5)试样盘:小筒挖出的试样可用饭盒存放,大筒挖出的试样可用300mm×500mm×40mm的搪瓷盘存放。

(6)天平或台秤:称量10~15kg,感量不大于1g。用于含水率测定的天平精度,对细粒土、中粒土、粗粒土宜分别为0.01g、0.1g、1.0g。

(7)含水率测定器具:如铝盒、烘箱等。

(8)量砂:粒径 0.30~0.60mm 清洁干燥的砂,约 20~40kg。使用前须洗净、烘干,并放置足够的时间,使其与空气的湿度达到平衡。

(9)盛砂的容器:塑料桶等。

(10)其他:凿子、螺丝刀、铁锤、长把勺、长把小簸箕、毛刷等。

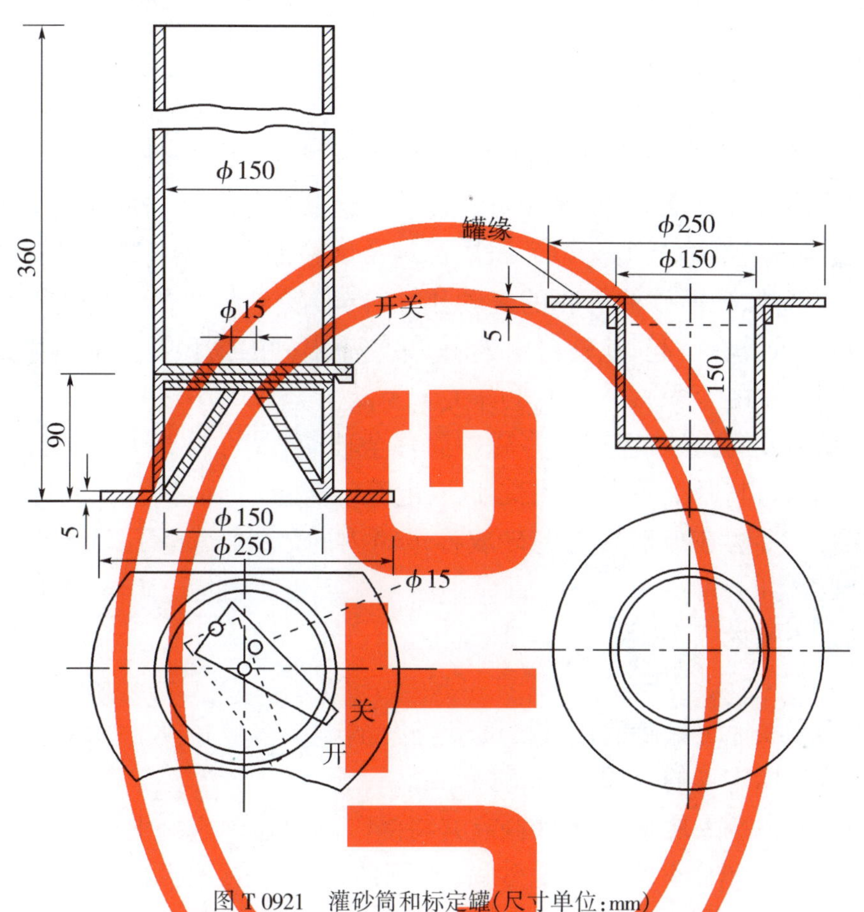

图 T 0921 灌砂筒和标定罐(尺寸单位:mm)

表 T 0921 灌砂仪的主要尺寸要求

结构		小型灌砂筒	大型灌砂筒
储砂筒	直径(mm)	100	150
	容积(cm^3)	2 120	4 600
流砂孔	直径(mm)	10	15
金属标定罐	内径(mm)	100	150
	外径(mm)	150	200
金属方盘基板	边长(mm)	350	400
	深(mm)	40	50
中孔	直径(mm)	100	150

注:如集料的最大粒径超过 31.5mm,则应相应地增大灌砂筒和标定罐的尺寸;如集料的最大粒径超过 53mm,灌砂筒和现场试洞的直径应为 200mm。

3 方法与步骤

3.1 按现行试验方法对检测对象试样用同种材料进行击实试验,得到最大干密度 ρ_c 及最佳含水率。

3.2 按第 1.2 条的规定选用适宜的灌砂筒。

3.3 按下列步骤标定灌砂筒下部圆锥体内砂的质量:

(1)在灌砂筒筒口高度上,向灌砂筒内装砂至距筒顶的距离 15mm 左右为止。称取装入筒内砂的质量 m_1,准确至 1g。以后每次标定及试验都应该维持装砂高度与质量不变。

(2)将开关打开,使灌砂筒筒底的流砂孔、圆锥形漏斗上端开口圆孔及开关铁板中心的圆孔上下对准重叠在一起,让砂自由流出,并使流出砂的体积与工地所挖试坑内的体积相当(或等于标定罐的容积),然后关上开关。

(3)不晃动储砂筒的砂,轻轻地将罐砂筒移至玻璃板上,将开关打开,让砂流出,直到筒内砂不再下流时,将开关关上,并细心地取走灌砂筒。

(4)收集并称量留在玻璃板上的砂或称量筒内的砂,准确至 1g。玻璃板上的砂就是填满筒下部圆锥体的砂(m_2)。

(5)重复上述测量三次,取其平均值。

3.4 按下列步骤标定量砂的松方密度 ρ_s(g/cm^3):

(1)用水确定标定罐的容积 V,准确至 1mL。

(2)在储砂筒中装入质量为 m_1 的砂,并将灌砂筒放在标定罐上,将开关打开,让砂流出。在整个流砂过程中,不要碰动灌砂筒,直到储砂筒内的砂不再下流时,将开关关闭。取下灌砂筒,称取筒内剩余砂的质量 m_3,准确至 1g。

(3)按式(T 0921-1)计算填满标定罐所需砂的质量 m_a(g):

$$m_a = m_1 - m_2 - m_3 \tag{T 0921-1}$$

式中:m_a——标定罐中砂的质量(g);

m_1——装入灌砂筒内砂的总质量(g);

m_2——灌砂筒下部圆锥体内砂的质量(g);

m_3——灌砂入标定罐后,筒内剩余砂的质量(g)。

(4)重复上述测量三次,取其平均值。

(5)按式(T 0921-2)计算量砂的松方密度 ρ_s:

$$\rho_s = \frac{m_a}{V} \tag{T 0921-2}$$

式中:ρ_s——量砂的松方密度(g/cm^3);

V——标定罐的体积(cm^3)。

3.5 试验步骤

(1)在试验地点,选一块平坦表面,并将其清扫干净,其面积不得小于基板面积。

(2)将基板放在平坦表面上。当表面的粗糙度较大时,则将盛有量砂(m_5)的灌砂筒放在基板中间的圆孔上。将灌砂筒的开关打开,让砂流入基板的中孔内,直到储砂筒内的砂不再下流时关闭开关。取下灌砂筒,并称量筒内砂的质量 m_6,准确至 1g。

(3)取走基板,并将留在试验地点的量砂收回,重新将表面清扫干净。

(4)将基板放回清扫干净的表面上(尽量放在原处),沿基板中孔凿洞(洞的直径与灌砂筒一致)。在凿洞过程中,应注意不使凿出的材料丢失,并随时将凿松的材料取出装入塑料袋中,不使水分蒸发,也可放在大试样盒内。试洞的深度应等于测定层厚度,但不得有下层材料混入,最后将洞内的全部凿松材料取出。对土基或基层,为防止试样盘内材料的水分蒸发,可分几次称取材料的质量,全部取出材料的总质量为 m_w,准确至 1g。

注:当需要检测厚度时,应先测量厚度后再进行这一步骤。

(5)从挖出的全部材料中取有代表性的样品,放在铝盒或洁净的搪瓷盘中,测定其含水率(w,以%计)。样品的数量如下:用小型灌砂筒测定时,对于细粒土,不少于 100g;对于各种中粒土,不少于 500g。用大型灌砂筒测定时,对于细粒土,不少于 200g;对于各种中粒土,不少于 1 000g;对于粗粒土或水泥、石灰、粉煤灰等无机结合料稳定材料,宜将取出的全部材料烘干,且不少于 2 000g,称其质量 m_d。

(6)将基板安放在试坑上,将灌砂筒安放在基板中间(储砂筒内放满砂到要求质量 m_1),使灌砂筒的下口对准基板的中孔及试洞,打开灌砂筒的开关,让砂流入试坑内。在此期间,应注意勿碰动灌砂筒。直到储砂筒内的砂不再下流时,关闭开关。仔细取走灌砂筒,并称量筒内剩余砂的质量 m_4,准确至 1g。

(7)如清扫干净的平坦表面的粗糙度不大,也可省去(2)和(3)的操作。在试洞挖好后,将灌砂筒直接对准放在试坑上,中间不需要放基板。打开筒的开关,让砂流入试坑内。在此期间,应注意勿碰动灌砂筒。直到储砂筒内的砂不再下流时,关闭开关。仔细取走灌砂筒,并称量剩余砂的质量 m'_4,准确至 1g。

(8)仔细取出试筒内的量砂,以备下次试验时再用。若量砂的湿度已发生变化或量砂中混有杂质,则应该重新烘干、过筛,并放置一段时间,使其与空气的湿度达到平衡后再用。

4 计算

4.1 按式(T 0921-3)或式(T 0921-4)计算填满试坑所用的砂的质量 m_b(g):

灌砂时,试坑上放有基板:

$$m_b = m_1 - m_4 - (m_5 - m_6) \tag{T 0921-3}$$

灌砂时,试坑上不放基板:

$$m_b = m_1 - m'_4 - m_2 \tag{T 0921-4}$$

式中:m_b——填满试坑的砂的质量(g);

m_1——灌砂前灌砂筒内砂的质量(g);

m_2——灌砂筒下部圆锥体内砂的质量(g);

m_4、m'_4——灌砂后,灌砂筒内剩余砂的质量(g);

(m_5-m_6)——灌砂筒下部圆锥体内及基板和粗糙表面间砂的合计质量(g)。

4.2 按式(T 0921-5)计算试坑材料的湿密度 ρ_w(g/cm^3):

$$\rho_w=\frac{m_w}{m_b}\times\rho_s \tag{T 0921-5}$$

式中:m_w——试坑中取出的全部材料的质量(g);

ρ_s——量砂的松方密度(g/cm^3)。

4.3 按式(T 0921-6)计算试坑材料的干密度 ρ_d(g/cm^3):

$$\rho_d=\frac{\rho_w}{1+0.01w} \tag{T 0921-6}$$

式中:w——试坑材料的含水率(%)。

4.4 当为水泥、石灰、粉煤灰等无机结合料稳定土的场合,可按式(T 0921-7)计算干密度 ρ_d(g/cm^3)。

$$\rho_d=\frac{m_d}{m_b}\times\rho_s \tag{T 0921-7}$$

式中:m_d——试坑中取出的稳定土的烘干质量(g)。

4.5 按式(T 0921-8)计算施工压实度。

$$K=\frac{\rho_d}{\rho_c}\times100 \tag{T 0921-8}$$

式中:K——测试地点的施工压实度(%);

ρ_d——试样的干密度(g/cm^3);

ρ_c——由击实试验得到的试样的最大干密度(g/cm^3)。

注:当试坑材料组成与击实试验的材料有较大差异时,可以试坑材料做标准击实,求取实际的最大干密度。

5 报告

各种材料的干密度均应准确至 0.01g/cm^3。

条文说明

本方法系根据 JTJ 057—1983 及 JTJ 051—1993 T 0111 的同类试验方法编写。这些方法基本相同,仅是根据集料的最大粒径及测定层的厚度采用不同大小的灌砂筒及适用的测定对象不同,故合并为一个试验方法。为了与现行《公路工程质量检验评定标准(土建工程)》(JTG F80/1)和《公路沥青路面施工技术规范》(JTG F40)一致,适用范围去掉了贯入式和表面处治部分内容。

挖坑灌砂法是施工过程中最常用的试验方法之一。此方法表面上看起来颇为简单,但实际操作时经常掌握不好,引起较大误差,又因为它是测定压实度的依据,所以是质量检测部门与施工单位之间发生矛盾的环节,因此应严格遵循试验规程的每个细节,以提高试验精度。为使试验做得准确,应注意以下几个环节:

(1)量砂要规则,如果重复使用时一定要注意晾干,处理一致,否则影响量砂的松方密度。

(2)每换一次量砂,都必须测定松方密度,灌砂筒下部圆锥体内砂的数量也应该每次重新标定。因此量砂宜事先准备较多数量。切勿到试验时临时找砂,又不进行标定,仅使用以前的数据。

(3)地表面处理要平,只要表面凸出一点(即使 1mm),使整个表面高出一薄层,其体积便算到试坑中去了,将影响试验结果,因此本方法一般宜采用先放上基板测定一次粗糙表面消耗的量砂。只有在非常光滑的情况下方可省去此步骤操作。

T 0922—2008　核子密湿度仪测定压实度试验方法

1　目的与适用范围

1.1　本方法适用于现场用核子密湿度仪以散射法或直接透射法测定路基或路面材料的密度和含水率,并计算施工压实度。

1.2　核子密湿度仪是现场检测压实度较常用的一种方法,仪器按规定方法标定后,其检测结果可作为工程质量评定与验收的依据。本方法可检测土壤、碎石、土石混合物、沥青混合料和非硬化水泥混凝土等材料。

1.3　本方法属非破坏性检测,允许对同一个测试位置进行重复测试,并监测密度和压实度的变化,以确定合适的碾压方法,达到所要求的压实度。

2　干扰因素

(1)核子密湿度仪对靠近表层材料的密度最为敏感,当测试材料的表面与仪器底部之间存在空隙时,测试结果可能存在表面偏差(仅对散射法)。如果采用直接透射法测试,表面偏差不明显。

(2)材料的粒度、级配、均匀度以及组成成分等因素对密度的测试结果影响较小。但是对一些含有结晶水或有机物的材料,如高岭土、云母、石膏、石灰等可能会对水分的测试有明显的影响,检测时需要与其他可靠的方法进行对比,对测试结果进行调整。

(3)对刚铺筑完的热沥青混合料路面标测时,仪器不能长时间放置在路面上,测试完成后仪器应该从路面上移走冷却,避免影响测试结果。

(4)测量进行时,在周围 10m 之内不能存在其他核子仪和任何其他放射源。

3　仪器的标定

(1)每 12 个月以内要对核子密湿度仪进行一次标定。标定可以由仪器生产厂家或独立的有资质的服务机构进行。

(2)对新出厂的仪器事先已经标定过的,可以不标定。对现存仪器如果经过维修后,可能影响仪器的结构,必须进行新的标定后才能使用。现存仪器如果在标定核实过程中被发现不能满足规定的限值,也必须重新标定。

(3)标定后的仪器密度(或含水率)值应达到要求,所有标定块上的每一测试深度上的标定响应应该在 ±16kg/m^3。

4 仪具与材料技术要求

本方法需要下列仪具与材料:

(1)核子密湿度仪:符合国家规定的关于健康保护和安全使用标准,密度的测定范围为 1.12~2.73g/cm^3,测定误差不大于 ±0.03g/cm^3;含水率测量范围为 0~0.64g/cm^3,测定误差不大于 ±0.015g/cm^3。它主要包括下列部件:

①γ 射线源:双层密封的同位素放射源,如铯—137、钴—60 或镭—226 等。

②中子源:如镅(241)—铍等。

③探测器:γ 射线探测器,如 G-M 计数管;热中子探测器,如氦—3 管。

④读数显示设备:如液晶显示器、脉冲计数器、数率表或直接读数表。

⑤标准计数块:密度和含氢量都均匀不变的材料块,用于标验仪器运行状况和提供射线计数的参考标准。

⑥钻杆:用于打测试孔以便插入探测杆。

⑦安全防护设备:符合国家规定要求的设备。

⑧刮平板、钻杆、接线等。

(2)细砂:0.15~0.3mm。

(3)天平或台秤。

(4)其他:毛刷等。

5 方法与步骤

5.1 本方法用于测定沥青混合料面层的压实密度或硬化水泥混凝土等难以打孔材料的密度时宜使用散射法;用于测定土基、基层材料或非硬化水泥混凝土等可以打孔材料的密度及含水率时,应使用直接透射法。

5.2 在表面用散射法测定时,所测定沥青面层的层厚应根据仪器的性能决定最大厚度。用于测定土基或基层材料的压实密度及含水率时,打洞后用直接透射法所测定的层厚不宜大于 30cm。

5.3 准备工作

(1)每天使用前或者对测试结果有怀疑的时候,按下列步骤用标准计数块测定仪器的标准值:

①进行标准值测定时的地点至少离开其他放射源 10m 的距离，地面必须经压实而且平整。

②接通电源，按照仪器使用说明书建议的预热时间，预热测定仪。

③在测定前，应检查仪器性能是否正常。将仪器在标准计数块上放置平稳，按照仪器使用说明书的要求进行标准化计数并判断仪器标准化计数值必须符合要求。如标准化计数值超过规定的限值时，应确认标准计数的方法和环境是否符合要求，并重复进行标准化计数；若第二次标准化计数值仍超出规定的限界时，需视作故障并进行仪器检查。

(2)在进行沥青混合料压实层密度测定前，应用核子密湿度仪与钻孔取样的试件进行标定；测定其他材料密度时，宜与挖坑灌砂法的结果进行标定。标定的步骤如下：

①选择压实的路表面，与试验段测定时的条件一致，对纹理较大的路面必须用细砂填平，然后将仪器放置在测试点上转动几下，或者在测试点上用刮平板平刮几下，以达到测试条件。按要求的测定步骤用核子密湿度仪测定密度，读数。

②在测定的同一位置用钻机钻孔法或挖坑灌砂法取样，量测厚度，按相关规范规定的标准方法测定材料的密度。

③对同一种路面厚度及材料类型，在使用前至少测定 15 处，求取两种不同方法测定的密度的相关关系，其相关系数 R 应不小于 0.95。

(3)测试位置的选择。

①按照附录 A 的方法确定测试位置，但距路面边缘或其他物体的最小距离不得小于 30cm。核子密湿度仪距其他放射源的距离不得少于 10m。

②当用散射法测定时，应按图 T 0922-1 的方法用细砂填平测试位置路表结构凹凸不平的空隙，使路表面平整，能与仪器紧密接触。

③当使用直接透射法测定时，应按图 T 0922-2 的方法用导板和钻杆打孔。在拟测试材料的表面打一个垂直的测试孔，测试孔要以插进探测杆后仪器在测点表面上不倾斜为准。孔深必须大于探测杆达到的测试深度。再按图 T 0922-2 的方法将探测杆放下插入已打好的测试孔内，前后或左右移动仪器，使之安放稳固。

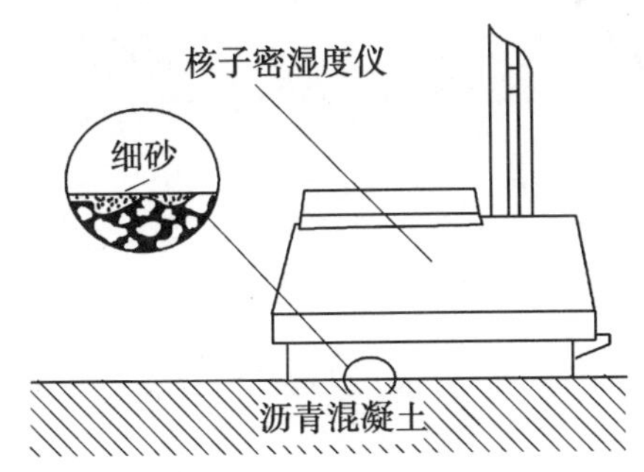

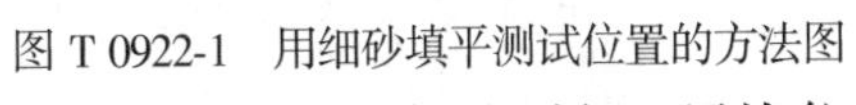

图 T 0922-1 用细砂填平测试位置的方法图

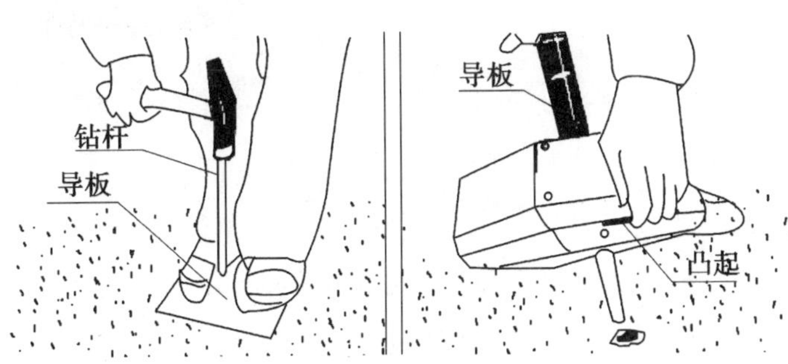

图 T 0922-2 在路表面上打孔的方法

(4)按照规定的时间，预热仪器。

5.4 测试步骤

(1)如用散射法测定沥青混合料压实层密度时，应按图 T 0922-3 的方法将核子仪平稳地置于测试位置上。测点应随机选择,测定温度应与试验段测定时一致,一组不少于13点,取平均值。检测精度通过试验路段与钻孔试件比较评定。

(2)如用直接透射法测定时,应按图 T 0922-4 的方法将放射源棒放下插入已预先打好的孔内。

(3)打开仪器,测试员退至距仪器 2m 以外,按照选定的测定时间进行测量,到达测定时间后,读取显示的各项数值,并迅速关机。

注:有关各种型号的仪器在具体操作步骤上略有不同,可按照仪器使用说明书进行。

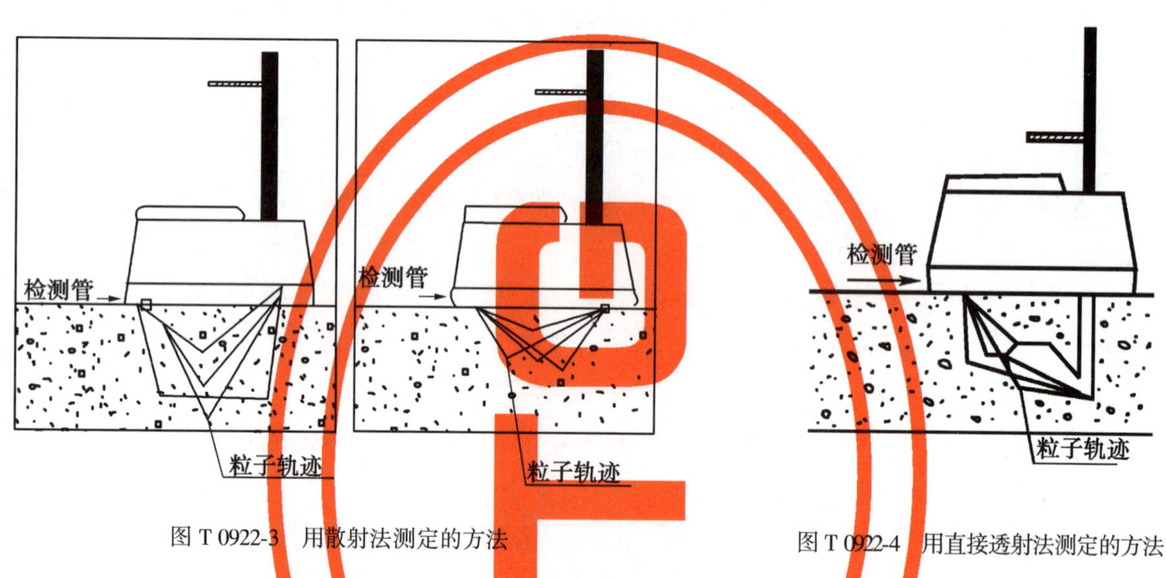

图 T 0922-3　用散射法测定的方法　　图 T 0922-4　用直接透射法测定的方法

6　计算

按式(T 0922-1)、式(T 0922-2)计算施工干密度及压实度。

$$\rho_d = \frac{\rho_w}{1 + w} \tag{T 0922-1}$$

$$K = \frac{\rho_d}{\rho_c} \times 100 \tag{T 0922-2}$$

式中:K——测试地点的施工压实度(%);

w——含水率,以小数表示;

ρ_w——试样的湿密度(g/cm^3);

ρ_d——由核子密湿度仪测定的压实沥青混合料的实际密度(g/cm^3),一组不少于13个点,取平均值;

ρ_c——沥青混合料的标准密度(g/cm^3),按照《公路沥青路面施工技术规范》(JTG F40—2004)附录E的规定选用。

7　报告

测定路面密度及压实度的同时,应同时记录温度、材料类型、路面的结构层厚度及测试深度等数据和资料。

8 使用安全注意事项

8.1 仪器工作时,所有人员均应退至距离仪器2m以外的地方。

8.2 仪器不使用时,应将手柄置于安全位置,仪器应装入专用的仪器箱内,放置在符合核辐射安全规定的地方。

8.3 仪器应由经有关部门审查合格的专人保管,专人使用。从事仪器保管及使用的人员,应符合有关核辐射检测的有关规定。

条文说明

核子密湿度仪是国外用于现场控制压实度最常用的方法，随着国内各种新规范的实施，用核子密湿度仪测定路基路面材料的密度、含水率的检测方法已得到广泛的应用。为了保证其测试数据的可靠性，使原方法更加规范，本次修订参照了2005年版的ASTM D2950—05，主要强调了检测过程中的干扰因素以及对仪器使用时间的标定等问题。目前国内使用的核子密湿度仪主要是进口的，但是也有国产的仪器。各产品的性能大同小异。为确保压实度的真实性，本次最大的修订是统一了选用标准密度的方法，要求标准密度按照现行《公路沥青路面施工技术规范》(JTG F40—2004)附录E的规定选用。

由于核子密湿度仪有使用方便、快速的优点,现在广泛用于工地的施工质量控制及快速评定,但由于受测定层温度及多种环境因素的影响,其测定值的波动性较大,规定检测时必须经常标定,尤其是与试验段测定时的条件一致,对纹理较大的路面必须用细砂填平,每次测定以13个测点的平均值作为一个数据。检测精度参照有关规范的要求执行。现在又出现了电磁式无核破损检测仪器,如果能达到精度要求,也允许使用。

由于目前使用的核子密湿度仪型号太多,操作步骤有所不同,具体步骤可按照各自的使用说明书进行。

根据仪器的功能、应用的要求,以及测量深度的不同,最常用的核子密湿度仪主要有以下两种类型:

(1)浅层核子密湿度仪

通常是指测量深度为30cm的核子密湿度仪,如MC—3C型和MC—4C型核子密湿度仪。也是在公路、铁路等施工中应用最常见的核子密湿度仪。

(2)中层核子密湿度仪(双杆核子密湿度仪)

中层核子密湿度仪测量深度为60~90cm，如MC—S—24和MC—S—36型核子密湿度仪。中层核子密湿度仪的放射源和检测器分别放置于两根不同的探杆的端部，沿水平层面逐层检测被压实材料，一般应用于压实层较厚的情况，特别适用于碾压混凝(RCC)工程项目的压实检测。

以上两种核子密湿度仪都是用于检测材料的密度和湿度的,工作原理基本一样。但是使用方法和适宜的检测范围不相同。

T 0923—1995　环刀法测定压实度试验方法

1　目的与适用范围

1.1　本方法规定在公路工程现场用环刀法测定土基及路面材料的密度及压实度。

1.2　本方法适用于测定细粒土及无机结合料稳定细粒土的密度。但对无机结合料稳定细粒土,其龄期不宜超过2d,且宜用于施工过程中的压实度检验。

2　仪具与材料技术要求

本方法需要下列仪具与材料:

(1)人工取土器:如图T 0923-1所示,包括环刀、环盖、定向筒和击实锤系统(导杆、落锤、手柄)。环刀内径6~8cm,高2~3cm,壁厚1.5~2mm。

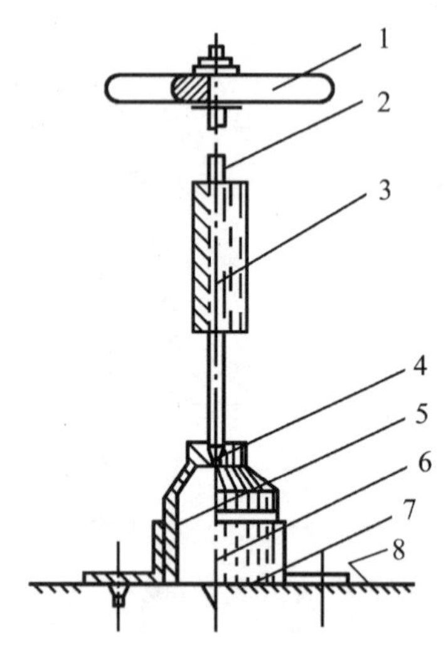

图T 0923-1　人工取土器

1-手柄;2-导杆;3-落锤;4-环盖;5-环刀;6-定向筒;7-定向筒齿钉;8-试验地面

(2)电动取土器:如图T 0923-2所示,由底座、行走轮、立柱、齿轮箱、升降机构、取芯头等组成。

①底座:由底座平台(16)、定位销(15)、行走轮(14)组成。平台是整个仪器的支撑基础;定位销供操作时仪器定位用;行走轮供换点取芯时仪器近距离移动用,当定位时四只轮子可扳起离开地表。

②立柱:由立柱(1)与立柱套(11)组成,装在底座平台上,作为升降机构、取芯机构、动力和传动机构的支架。

③升降机构:由升降手轮(9)、锁紧手柄(8)组成,供调整取芯机构高低用。松开锁紧手柄,转动升降手轮,取芯机构即可升降,到所需位置时拧紧手柄定位。

④取芯机构:由取芯头(10)、升降轴(2)组成。取芯头为金属圆筒,下口对称焊接两个合金钢切削刀头,上端面焊有平盖,其上焊螺母,靠螺旋接于升降轴上。取芯头有三种规格,即50mm×50mm、70mm×70mm、100mm×100mm,取芯头为可换式。另配有相应的取芯套筒、扳手、铝盒等。

⑤动力和传动机构:主要由直流电机(4)、调速器(12)、齿轮箱组成,另配蓄电池(13)和充电器。当电机工作时,通过齿轮箱的齿轮将动力传给取芯机构,升降轴旋转,取芯头进入旋切工作状态。

⑥电动取土器主要技术参数为:

工作电压DC24V(36A·h);

转速50~70r/min,无级调速;

整机质量约 35kg。

(3)天平:感量 0.1g(用于取芯头内径小于 70mm 样品的称量),或 1.0g(用于取芯头内径 100mm 样品的称量)。

(4)其他:镐、小铁锹、修土刀、毛刷、直尺、钢丝锯、凡士林、木板及测定含水率设备等。

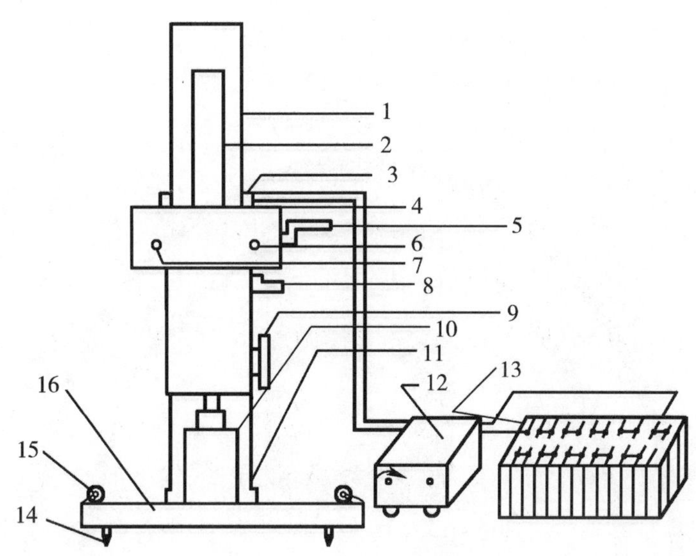

图 T 0923-2　电动取土器

1-立柱;2-升降轴;3-电源输入;4-直流电机;5-升降手柄;6、7-电源指示;8-锁紧手柄;9-升降手轮;10-取芯头;11-立柱套;12-调速器;13-蓄电池;14-定位销;15-行走轮;16-底座平台

3 方法与步骤

3.1 按有关试验方法对检测对象试样用同种材料进行击实试验,得到最大干密度及最佳含水率。

3.2 用人工取土器测定黏性土及无机结合料稳定细粒土密度的步骤:

(1)擦净环刀,称取环刀质量 m_2,准确至 0.1g。

(2)在试验地点,将面积约 30cm × 30cm 的地面清扫干净,并将压实层铲去表面浮动及不平整的部分,达一定深度,使环刀打下后,能达到要求的取土深度,但不得将下层扰动。

(3)将定向筒齿钉固定于铲平的地面上。顺次将环刀、环盖放入定向筒内与地面垂直。

(4)将导杆保持垂直状态,用取土器落锤将环刀打入压实层中,至环盖顶面与定向筒上口齐平为止。

(5)去掉击实锤和定向筒,用镐将环刀及试样挖出。

(6)轻轻取下环盖,用修土刀自边至中削去环刀两端余土,用直尺检测直至修平为止。

(7)擦净环刀外壁,用天平称取出环刀及试样合计质量 m_1,准确至0.1g。

(8)自环刀中取出试样,取具有代表性的试样,测定其含水率 w。

3.3 用人工取土器测定砂性土或砂层密度的步骤:

(1)如为湿润的砂土,试验时不需使用击实锤和定向筒,在铲平的地面上,细心挖出一个直径较环刀外径略大的砂土柱,将环刀刃口向下,平置于砂土柱上,用两手平稳地将环刀垂直压下,直至砂土柱突出环刀上端约2cm时为止。

(2)削掉环刀口上的多余砂土,并用直尺刮平。

(3)在环刀上口盖一块平滑的木板,一手按住木板,另一手用小铁锹将试样从环刀底部切断,然后将装满试样的环刀反转过来,削去环刀刃口上部的多余砂土,并用直尺刮平。

(4)擦净环刀外壁,称环刀与试样合计质量 m_1,准确至0.1g。

(5)自环刀中取具有代表性的试样测定其含水率 w。

(6)干燥的砂土不能挖成砂土柱时,可直接将环刀压入或打入土中。

3.4 用电动取土器测定无机结合料细粒土和硬塑土密度的步骤:

(1)装上所需规格的取芯头。在施工现场取芯前,选择一块平整的路段,将四只行走轮打起,四根定位销钉采用人工加压的方法,压入路基土层中。松开锁紧手柄,旋动升降手轮,使取芯头刚好与土层接触,锁紧手柄。

(2)将电瓶与调速器接通,调速器的输出端接入取芯机电源插口。指示灯亮,显示电路已通;启动开关,电动机工作,带动取芯机构转动。根据土层含水率调节转速,操作升降手柄,上提取芯机构,停机,移开机器。由于取芯头圆筒外表有几条螺旋状突起,切下的土屑排在筒外顺螺纹上旋抛出地表,因此,将取芯套筒套在切削好的土芯立柱上摇动即可取出样品。

(3)取出样品,立即按取芯套筒长度用修土刀或钢丝锯修平两端,制成所需规格土芯,如拟进行其他试验项目,装入铝盒,送试验室备用。

(4)用天平称量土芯带套筒质量 m_1,从土芯中心部分取试样测定含水率 w。

3.5 本试验须进行两次平行测定,其平行差值不得大于0.03g/cm³。求其算术平均值。

4 计算

4.1 按式(T 0923-1)、式(T 0923-2)计算试样的湿密度及干密度。

$$\rho = \frac{4 \times (m_1 - m_2)}{\pi d^2 h} \tag{T 0923-1}$$

$$\rho_d = \frac{\rho}{1 + 0.01w} \tag{T 0923-2}$$

式中:ρ——试样的湿密度(g/cm³);

ρ_d——试样的干密度(g/cm³);

m_1——环刀或取芯套筒与试样合计质量(g);

m_2——环刀或取芯套筒质量(g);

d——环刀或取芯套筒直径(cm);

h——环刀或取芯套筒高度(cm);

w——试样的含水率(%)。

4.2 按式(T 0923-3)计算施工压实度。

$$K = \frac{\rho_d}{\rho_c} \times 100 \qquad \text{(T 0923-3)}$$

式中:K——测试地点的施工压实度(%);

ρ_d——试样的干密度(g/cm^3);

ρ_c——由击实试验得到的试样的最大干密度(g/cm^3)。

5 报告

试验应报告土的鉴别分类、含水率、湿密度、干密度、最大干密度、压实度等。

条文说明

原规程是参照《公路土工试验规程》(JTJ 051—1993)编写的。本规程修订时,《公路土工试验规程》(JTG E40—2007)已出版,对本试验方法没有作修改,所以本方法不变。

T 0924—2008 钻芯法测定沥青面层压实度试验方法

1 目的与适用范围

1.1 沥青混合料面层的压实度是按施工规范规定的方法测定的混合料试样的毛体积密度与标准密度之比值,以百分率表示。

1.2 本方法适用于检验从压实的沥青路面上钻取的沥青混合料芯样试件的密度,以评定沥青面层的施工压实度。

2 仪具与材料技术要求

本方法需要下列仪具与材料:

(1)路面取芯钻机。

(2)天平:感量不大于0.1g。

(3)水槽。

(4)吊篮。

(5)石蜡。

(6)其他:卡尺、毛刷、小勺、取样袋(容器)、电风扇。

3 方法与步骤

3.1 钻取芯样

按本规程"T 0901 取样方法"钻取路面芯样,芯样直径不宜小于 ϕ100mm。当一次钻孔取得的芯样包含有不同层位的沥青混合料时,应根据结构组合情况用切割机将芯样沿各层结合面锯开分层进行测定。

钻孔取样应在路面完全冷却后进行,对普通沥青路面通常在第二天取样,对改性沥青及 SMA 路面宜在第三天以后取样。

3.2 测定试件密度

(1)将钻取的试件在水中用毛刷轻轻刷净黏附的粉尘。如试件边角有浮松颗粒,应仔细清除。

(2)将试件晾干或用电风扇吹干不少于 24h,直至恒重。

(3)按现行《公路工程沥青及沥青混合料试验规程》(JTJ 052)的沥青混合料试件密度试验方法测定试件密度 ρ_s。通常情况下采用表干法测定试件的毛体积相对密度;对吸水率大于 2%的试件,宜采用蜡封法测定试件的毛体积相对密度;对吸水率小于 0.5%特别致密的沥青混合料,在施工质量检验时,允许采用水中重法测定表观相对密度。

3.3 根据《公路沥青路面施工技术规范》(JTG F40—2004)附录 E 的规定,确定计算压实度的标准密度。

4 计算

4.1 当计算压实度的标准密度采用每天试验室实测的马歇尔击实试件密度或试验路段钻孔取样密度时,沥青面层的压实度按式(T 0924-1)计算。

$$K = \frac{\rho_s}{\rho_0} \times 100 \qquad \text{(T 0924-1)}$$

式中:K——沥青面层某一测定部位的压实度(%);

ρ_s——沥青混合料芯样试件的实际密度(g/cm^3);

ρ_0——沥青混合料的标准密度(g/cm^3)。

4.2 计算压实度的标准密度采用最大理论密度时,沥青面层的压实度按式(T 0924-2)计算。

$$K = \frac{\rho_s}{\rho_t} \times 100 \qquad \text{(T 0924-2)}$$

式中：ρ_s——沥青混合料芯样试件的实际密度(g/cm^3)；

ρ_t——沥青混合料的最大理论密度(g/cm^3)。

4.3　按本规程附录B的方法，计算一个评定路段检测的压实度的平均值、标准差、变异系数，并计算代表压实度。

5　报告

压实度试验报告应记载压实度检查的标准密度及依据，并列表表示各测点的试验结果。

条文说明

压实度是施工质量管理的最为重要的指标之一，沥青路面的成败与否，压实是最重要的工序。本方法根据国内实践经验，并参照《公路沥青路面施工技术规范》(JTG F40—2004)对钻芯法测压实度的要求，对本方法进行了修订。

压实度的大小取决于实测的压实密度，同样也与标准密度的大小有关。但原来对标准密度的规定并不统一，有些工程在压实度达不到要求时便重新进行马歇尔试验，调整标准密度，只要把标准密度做小一些，压实度马上就高了。如果再把不合格的数据随意舍弃，那么钻孔试件的压实度数据将失去价值。这样实际上是弄虚作假。为防止这种情况，本方法按照《公路沥青路面施工技术规范》(JTG F40—2004)的规定，对标准密度的选用进行了修订，使其与相关规范一致。

T 0925—2008　无核密度仪测定压实度试验方法

1　目的与适用范围

1.1　本方法适用于现场无核密度仪快速测定沥青路面各层沥青混合料的密度，并计算施工压实度，但测定结果不宜用于评定验收或仲裁。

1.2　无核密度仪可用于检测铺筑完工的沥青路面、现场沥青混合料铺筑层密度及快速检查混合料的离析。

1.3　应用无核密度仪时，必须严格标定，通过对比试验检验，确认其可靠性。

1.4　每12个月要将无核密度仪送到授权服务中心进行标定和检查。

2　仪具与材料技术要求

本方法需要下列仪具与材料：

(1)无核密度仪:内含电子模块和可充电电池。

①探头:无核,无电容,用于野外测量。

②探测深度:≥4.0cm。

③测量时间:1s。

④精度:0.003g/cm^3。

⑤操作环境温度:0 ~ 70℃。

⑥测试材料表面最高温度:150℃。

⑦湿度:98%且不结露。

(2)标准密度块:供密度标准计数用。

(3)交流充电器或直流充电器。

(4)打印机:用于打印测试数据。

3 方法与步骤

3.1 准备工作

(1)所测定沥青面层的层厚应不大于该仪器性能探测的最大深度。在进行沥青混合料压实层密度测定前,应用无核密度仪与钻孔取样的试件进行标定。

(2)第一次使用前需要对软件进行设置。仪器存储了软件的设置后,操作者无须每次开机后都进行软件的设置。

(3)按照仪器使用说明书的要求综合标定仪器的测量精度。

(4)按照不同的需要选择想要的测量模式。

(5)按照仪器使用说明的规定,进行修正值设置。

3.2 测试步骤

(1)为了保证测量精度,在正式测量前应正确选择测量场地。

(2)把仪器放置平稳,保证仪器不晃动。

(3)为了确保精确测量,仪器应与测量面紧密接触。

(4)在开始测量前应检查仪器的工作状态,如电池电压、内部温度、选择的测量单位、运行参考读数的日期和时间等。

(5)根据需要选择测量模式进行测试。

4 计算

按式(T 0925)计算压实度。

$$K = \frac{\rho_d}{\rho_c} \times 100 \tag{T 0925}$$

式中:K——测试地点的施工压实度(%);

ρ_d——由无核密度仪测定的压实沥青混合料的实际密度(g/cm^3),一组不少于13个点,取平均值;

ρ_c——沥青混合料的标准密度(g/cm^3),按照《公路沥青路面施工技术规范》(JTG F40—2004)附录 E 的规定选用。

5 报告

测定路面密度及压实度的同时,应记录气温、路面的结构深度、沥青混合料类型、面层结构及测定厚度等数据和资料。

条文说明

现在,一种新型的电磁无核密度仪使用较多,该仪器采用先进的专利技术,能快速、可靠地给出测试结果。既能用于已有的沥青路面,也能用于新铺的沥青面层。但是使用时必须严格标定,通过对比试验检验其测定精度。由于无核密度仪的探测深度不同,在使用过程中应该根据需要选择不同类型的无核密度仪。

标准密度按照《公路沥青路面施工技术规范》(JTG F40—2004)附录 E 的规定选用。无核密度仪的类型比较多,本方法是参照 2701—B 无核密度仪操作手册编写的。对不同类型的仪器操作方法可能会不一样,但基本原理应该大体相同,具体步骤可按照各自的使用说明书或操作规程进行。

6 平 整 度

T 0931—2008 三米直尺测定平整度试验方法

1 目的与适用范围

1.1 本方法规定用三米直尺测定路表面的平整度。定义三米直尺基准面距离路表面的最大间隙表示路基路面的平整度,以 mm 计。

1.2 本方法适用于测定压实成型的路面各层表面的平整度,以评定路面的施工质量,也可用于路基表面成型后的施工平整度检测。

2 仪具与材料技术要求

本方法需要下列仪具与材料:

(1)三米直尺:测量基准面长度为 3m 长,基准面应平直,用硬木或铝合金钢等材料制成。

(2)最大间隙测量器具:

①楔形塞尺:硬木或金属制的三角形塞尺,有手柄。塞尺的长度与高度之比不小于10,宽度不大于 15mm,边部有高度标记,刻度读数分辨率小于或等于 0.2mm。

②深度尺:金属制的深度测量尺,有手柄。深度尺测量杆端头直径不小于 10mm,刻度读数分辨率小于或等于 0.2mm。

(3)其他: 皮尺或钢尺、粉笔等。

3 方法与步骤

3.1 准备工作

(1)按有关规范规定选择测试路段。

(2)测试路段的测试地点选择: 当为沥青路面施工过程中的质量检测时,测试地点应选在接缝处,以单杆测定评定;除高速公路以外,可用于其他等级公路路基路面工程质量检查验收或进行路况评定,每 200m 测 2 处,每处连续测量 10 尺。除特殊需要者外,应以行车道一侧车轮轮迹(距车道线 0.8~1.0m)作为连续测定的标准位置。对旧路已形成车辙的路面,应取车辙中间位置为测定位置,用粉笔在路面上做好标记。

(3)清扫路面测定位置处的污物。

3.2 测试步骤

(1)施工过程中检测时,按根据需要确定的方向,将三米直尺摆在测试地点的路面上。

(2)目测三米直尺底面与路面之间的间隙情况,确定最大间隙的位置。

(3)用有高度标线的塞尺塞进间隙处,量测其最大间隙的高度(mm);或者用深度尺在最大间隙位置量测直尺上顶面距地面的深度,该深度减去尺高即为测试点的最大间隙的高度,准确至0.2mm。

4 计算

单杆检测路面的平整度计算,以三米直尺与路面的最大间隙为测定结果。连续测定10尺时,判断每个测定值是否合格,根据要求,计算合格百分率,并计算10个最大间隙的平均值。

5 报告

单杆检测的结果应随时记录测试位置及检测结果。连续测定10尺时,应报告平均值、不合格尺数、合格率。

条文说明

平整度是路面使用性能的重要指标之一。它必须通过路基、基层、面层各个层次的精确施工方能得以保证。

路面平整度的测试设备分为断面类及反应类两大类。断面类是实际测定路面表面凹凸情况的,如最常用的三米直尺及连续式平整度仪;还可用精确测定高程得到,国际平整度指数便是以此为基准建立的。这是路面平整度最基本的指标。反应类是利用路面凹凸引起的车辆的振动颠簸,测得驾驶员和乘客直接感受到的平整度指标,因此它实际上得到的是舒适性能的指标,最常用的是车载式颠簸累积仪。

为了与《公路工程质量检验评定标准(土建工程)》(JTG F80/1—2004)和《公路沥青路面施工技术规范》(JTG F40—2004)一致,本规程将三米直尺适用范围进行了修改。本方法适用于测定热拌沥青混合料路面各层施工过程中的接缝及与构造物连接处的平整度,以评定路面的施工质量;也可用于除高速公路以外的其他等级公路路基路面工程质量检查验收或进行路况评定。对正常路段,采用连续式平整度仪测定路面平整度。详细的要求参照相关的规范执行。

三米直尺检测平整度目前在施工过程中还广泛应用。本方法根据实践经验及国内外有关试验方法修订。根据生产需要,对不同检测目的规定了不同的试验方法。

三米直尺测定有单尺测定最大间隙及等距离(1.5m)连续测定两种,它们与用三米连续式平整度仪测定的路面平整度有较好的相关关系。本规程仅规定了单尺测定最大间隙的测试方法。

三米直尺有两种形式:一种两端带有高1cm的垫脚,一种无垫脚。有垫脚的三米直尺,在两端0.75m处有一刻线,用于等距离(1.5m)连续测定,计算标准差。这种三米直尺不适用于单尺测定最大间隙。

T 0932—2008　连续式平整度仪测定平整度试验方法

1　目的与适用范围

1.1　本方法规定用连续式平整度仪量测路面的不平整度的标准差 σ,以表示路面的平整度,以 mm 计。

1.2　本方法适用于测定路表面的平整度,评定路面的施工质量和使用质量,但不适用于在已有较多坑槽、破损严重的路面上测定。

2　仪具与材料技术要求

本方法需要下列仪具与材料:

(1)连续式平整度仪:

①整体结构:连续式平整度仪构造如图 T 0932-1 所示。除特殊情况外,连续式平整度仪的标准长度为 3m,其质量应符合仪器标准的要求;中间为一个 3m 长的机架,机架可缩短或折叠,前后各 4 个行走轮,前后两组轮的轴间距离为 3m。

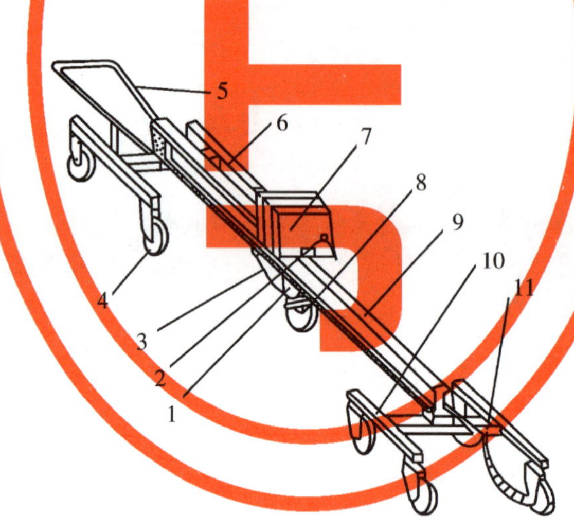

图 T 0932-1　连续式平整度仪构造图

1-测量架;2-离合器;3-拉簧;4-脚轮;5-牵引架;6-前架;7-记录计;8-测定轮;9-纵梁;10-后架;11-软轴

②标准差测量传感器:安装在机架中间,可以是能起落的测定轮,或非接触式位移传感器,如激光或超声位移测量传感器。

③其他辅助机构:蓄电池电源,距离传感器,与数据采集、处理、存储、输出部分配套的采集控制箱及计算机、打印机等。

④测定间距为 10cm,每一计算区间的长度为 100m 并输出一次结果。

⑤可记录测试长度(m)、曲线振幅大于某一定值(如 3mm、5mm、8mm、10mm 等)的次

数、曲线振幅的单向(凸起或凹下)累计值及以 3m 机架为基准的中点路面偏差曲线图,计算打印。

⑥机架装有一牵引钩及手拉柄,可用人力或汽车牵引。

(2)牵引车:小面包车或其他小型牵引汽车。

(3)皮尺或测绳。

3 方法与步骤

3.1 准备工作

(1)选择测试路段。

(2)当为施工过程中质量检测需要时,测试地点根据需要决定;当为路面工程质量检查验收或进行路况评定需要时,通常以行车道一侧车轮轮迹带作为连续测定的标准位置。对旧路已形成车辙的路面,取一侧车辙中间位置为测定位置。按第 1.2 条的规定在测试路段路面上确定测试位置,当以内侧轮迹带(IWP)或外侧轮迹带(OWP)作为测定位置时,测定位置距车道标线 80~100cm。

(3)清扫路面测定位置处的脏物。

(4)检查仪器,检测箱各部分应完好、灵敏,并将各连接线接妥,安装记录设备。

3.2 测试步骤

(1)将连续式平整度仪置于测试路段路面起点上。

(2)在牵引汽车的后部,将连续式平整度仪与牵引汽车连接好,按照仪器使用手册依次完成各项操作。

(3)启动牵引汽车,沿道路纵向行驶,横向位置保持稳定。

(4)确认连续式平整度仪工作正常。牵引连续式平整度仪的速度应保持匀速,速度宜为 5km/h,最大不得超过 12km/h。

在测试路段较短时,亦可用人力拖拉平整度仪测定路面的平整度,但拖拉时应保持匀速前进。

4 计算

4.1 连续式平整度仪测定后,可按每 10cm 间距采集的位移值自动计算得到每 100m 计算区间的平整度标准差(mm),还可记录测试长度(m)。

4.2 每一计算区间的路面平整度以该区间测定结果的标准差表示,按式(T 0932)计算:

$$\sigma_i = \sqrt{\frac{\sum d_i^2 - (\sum d_i)^2/N}{N-1}} \tag{T 0932}$$

式中:σ_i——各计算区间的平整度计算值(mm);

d_i——以 100m 为一个计算区间,每隔一定距离(自动采集间距为 10cm,人工采集间

距为 1.5m)采集的路面凹凸偏差位移值(mm);

N——计算区间用于计算标准差的测试数据个数。

4.3 按本规程附录 B 的方法计算一个评定路段内各区间的平整度标准差的平均值、标准差、变异系数。

5 报告

试验应列表报告每一个评定路段内各测定区间的平整度标准差,各评定路段平整度的平均值、标准差、变异系数以及不合格区间数。

条文说明

平整度是路面施工质量与服务水平的重要指标之一。本方法按国内实际使用经验及国外同类试验方法编写。

在国外,连续式平整度仪的种类很多,长度和结构各不相同,同样是 3m,有 4 轮、8 轮、16 轮式多种,使用最多的是三米八轮平整度仪。我国目前使用的及本规程规定的标准仪器仪限于三米八轮平整度仪。

平整度计算值以标准差表示,所以与计算区间的长度有很大关系(图 T 0932-2),计算区间越长,标准差越小。根据国内习惯,参考国外经验(如日本铺装试验法便览 7-2 规定计算区间长度为 100 ~ 300m),本方法规定计算区间长度为 100m。

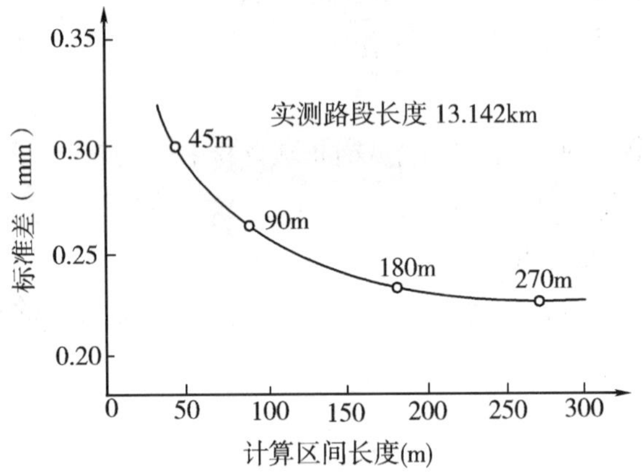

图 T 0932-2 平整度计算值(标准差)与计算区间长度的关系示例

本方法规定的三米平整度仪的测定结果与三米直尺连续测定的平整度在原理上相同,计算方法相同,两种不同的方法有较好的相关关系。

平整度以每 100m 为一计算区间,一个检测路段(通常为 1 ~ 3km)有若干个计算区间。由测定值得到各计算区间的平整度后,如何评定该检测路段的平整度,由施工过程中的控制标准及交工验收质量标准确定。

现在我国的平整度仪大都有自动计算功能,可自动打印输出测定路段的标准差及振幅大于某一定值(如 3mm、5mm、8mm、10mm)的超差次数。而进口的平整度仪有的并无自动计算功能,这是因为国外在测试方法中规定要将某些异常数据,如由于坑洞、接缝、构造物接头、雨水井等人工构造物引起的跳动从记录的曲线中剔除,不参加计算,而自动平整度仪则缺乏自动识别功能。为此,本方法对两种方法即人工计算及自动计算都作了规定,但实际上是有差别的。

T 0933—2008 车载式颠簸累积仪测定平整度试验方法

1 目的与适用范围

1.1 本方法适用于各类颠簸累积仪在新建、改建路面工程质量验收和无严重坑槽、车辙等病害的正常行车条件下连续采集路段平整度数据。

1.2 本方法的数据采集、传输、记录和处理分别由专用软件自动控制进行。

2 仪具与材料技术要求

(1)测试系统

测试系统由承载车辆、距离测量装置、颠簸累积值测试装置和主控制系统组成。主控制系统对测试装置的操作实施控制,完成数据采集、传输、存储与计算过程。

(2)设备承载车要求

根据设备供应商的要求选择测试系统承载车辆。

(3)测试系统基本技术要求和参数

①测试速度:30~80km/h。

②最大测试幅值:±20cm。

③垂直位移分辨率:1mm。

④距离标定误差:<0.5%。

⑤系统工作环境温度:0~60℃。

⑥系统软件能够依据相关关系公式自动对颠簸累积值进行换算,间接输出国际平整度指数IRI。

3 方法与步骤

3.1 准备工作

(1)测试车辆具备下列条件之一时,都应进行仪器测值与国际平整度指数IRI的相关性标定,相关系数 R 应不低于0.99:在正常状态下行驶超过20 000km;标定的时间间隔超过1年;减震器、轮胎等发生更换、维修。

(2)检查测试车轮胎气压,应达到车辆轮胎规定的标准气压;车胎应清洁,不得黏附杂物;车上载重、人数以及分布应与仪器相关性标定试验时一致。

(3)距离测量系统需要现场安装的,根据设备操作手册说明进行安装,确保紧固装置安装牢固。

(4)检查测试系统,各部分应符合测试要求,不应有明显的可视性破损。

(5)打开系统电源,启动控制程序,检查系统各部分的工作状态。

3.2 测试步骤

(1)测试开始之前应让测试车以测试速度行驶 5 ~ 10km,按照设备操作手册规定的预热时间对测试系统进行预热。

(2)测试车停在测试起点前 300 ~ 500m 处,启动平整度测试系统程序,按照设备操作手册的规定和测试路段的现场技术要求设置完毕所需的测试状态。

(3)驾驶员在进入测试路段前应保持车速在规定的测试速度范围内,沿正常行车轨迹驶入测试路段。

(4)进入测试路段后,测试人员启动系统的采集和记录程序,在测试过程中必须及时准确地将测试路段的起终点和其他需要特殊标记点的位置输入测试数据记录中。

(5)当测试车辆驶出测试路段后,仪器操作人员停止数据采集和记录,并恢复仪器各部分至初始状态。

(6)操作人员检查数据文件,文件应完整,内容应正常,否则需要重新测试。

(7)关闭测试系统电源,结束测试。

4 计算

颠簸累积仪直接测试输出的颠簸累积值 VBI,要按照相关性标定试验得到相关关系式,并以 100m 为计算区间换算成 IRI(以 m/km 计)。

5 颠簸累积仪测值与国际平整度指数 IRI 相关关系对比试验

5.1 基本要求

由于颠簸累积仪测值受测试速度等因素影响,因此测试系统的每一种实际采用的测试速度都应单独进行标定,建立相关关系公式。标定过程及分析结果应详细记录并存档。

5.2 试验条件

(1)按照每段 IRI 值变化幅度不小于 1.0 的范围选择不少于 4 段不同平整度水平的路段,且有足够加速或减速长度的路段。根据实际测试道路 IRI 的分布情况,可以增加某些范围内的标定路段。

(2)每路段长度不小于 300m。

(3)每一段内的平整度应均匀,包括路段前 50m 的引道。

(4)选择坡度变化较小的直线路段,路段交通量小,便于疏导。

(5)标定宜选择在车道的正常行驶轮迹上进行,明确标出标定路段的轮迹、起终点。

5.3 试验步骤

(1)距离标定

①依据设备供应商建议的长度,选择坡度变化较小的平坦直线路段,标出起终点和行

驶轨迹。

②标定开始之前应让测试车以测试速度行驶 5～10km,按照设备操作手册规定的预热时间对测试系统进行预热。

③将测试车的前轮对准起点线,启动距离校准程序,然后令车辆沿着路段轨迹直线行驶,避免突然加速或减速,接近终点时,看指挥人员手势减速停车,确保测试车的前轮对准终点线,结束距离校准程序。重复此过程,确保距离传感器脉冲当量的准确性,应在允许误差范围之内。

(2)参照第 3.2 条,令颠簸累积仪按选定的测试速度测试每个标定路段的反应值,重复测试至少 5 次,取其平均值作为该路段的反应值。

(3)IRI 值的确定

①以精密水准仪作为标准仪具,分别测量标定路段两个轮迹的纵断高程,要求采样间隔为 250mm,高程测试精度为 0.5mm;然后用 IRI 标准计算程序对每个轮迹的纵断面测量值进行模型计算,得到该轮迹的 IRI 值。两个轮迹 IRI 值的平均值即为该路段的 IRI 值。

②其他符合世界银行一类平整度测试标准的纵断面测试仪具也可以作为确定标定路段标准 IRI 值的仪具。

5.4 试验数据处理

用数理统计的方法将各标定路段的 IRI 值和相应的颠簸累积仪测值进行回归分析,建立相关关系方程式,相关系数 R 不得小于 0.99。

6 报告

(1)平整度测试报告应包括颠簸累积值 VBI、国际平整度 IRI 平均值和现场测试速度。

(2)提供颠簸累积值 VBI 与国际平整度指数 IRI 在选定测试条件下的相关关系式及相关系数。

条文说明

目前国内车载式反应类平整度仪(如颠簸累积仪)由于结构和原理简单、价格便宜,故使用范围依然较广,但由于反应类系统的测试结果与自身的动态性能、测试的速度以及路面类型有关,放置较长时间、行驶较长距离以及轮胎和减震器维修、更换等都会影响其动态性能,因此必须制定更为完善的测试规程保证测试结果的准确性。

本方法适用于车载式颠簸累积仪,其他反应类测试设备可参考使用。车载式颠簸累积仪由位移累积机械传感器安装在测试车上组装而成,故组装必须严格按要求做好。如有松动,测定数据将产生偏差。本规程规定了用钢丝绳连接机械传感器的方法,也可采用链条连接,方法可参照本规程执行。

建立反应类平整度仪测试结果(如 VBI)与国际平整度指数 IRI 的相关关系时,可选择不同的测试速度进行标定试验。由于不同车辆承载体系对行驶速度的反应不同,因此应根据不同测试速度分别建立与 IRI 的相关关系。实际现场测试时也必须采用相应的标定速度。

T 0934—2008 车载式激光平整度仪测定平整度试验方法

1 目的与适用范围

1.1 本方法适用于各类车载式激光平整度仪在新建、改建路面工程质量验收和无严重坑槽、车辙等病害及无积水、积雪、泥浆的正常通车条件下连续采集路段平整度数据。

1.2 本方法的数据采集、传输、记录和处理分别由专用软件自动控制进行。

2 仪具与材料技术要求

(1)测试系统

测试系统由承载车辆、距离传感器、纵断面高程传感器和主控制系统组成。主控制系统对测试装置的操作实施控制,完成数据采集、传输、存储与计算过程。

(2)设备承载车要求

根据设备供应商的要求选择测试系统承载车辆。

(3)测试系统基本技术要求和参数

①测试速度:30~100km/h。

②采样间隔:≤500mm。

③传感器测试精度:0.5mm。

④距离标定误差:<0.1%。

⑤系统工作环境温度:0~60℃。

3 方法与步骤

3.1 准备工作

(1)设备安装到承载车上以后应按本方法第5条的规定进行相关性试验。

(2)根据设备操作手册的要求对测试系统各传感器进行校准。

(3)检查测试车轮胎气压,应达到车辆轮胎规定的标准气压,车胎应清洁,不得黏附杂物。

(4)距离测量装置需要现场安装的,根据设备操作手册说明进行安装,确保机械紧固装置安装牢固。

(5)检查测试系统各部分应符合测试要求,不应有明显的可视性破损。

(6)打开系统电源,启动控制程序,检查各部分的工作状态。

3.2 测试步骤

(1)测试开始之前应让测试车以测试速度行驶5~10km,按照设备使用说明规定的预热时间对测试系统进行预热。

(2)测试车停在测试起点前50～100m处，启动平整度测试系统程序，按照设备操作手册的规定和测试路段的现场技术要求设置完毕所需的测试状态。

(3)驾驶员应按照设备操作手册要求的测试速度范围驾驶测试车，宜在50～80km/h之间，避免急加速和急减速，急弯路段应放慢车速，沿正常行车轨迹驶入测试路段。

(4)进入测试路段后，测试人员启动系统的采集和记录程序，在测试过程中必须及时准确地将测试路段的起终点和其他需要特殊标记的位置输入测试数据记录中。

(5)当测试车辆驶出测试路段后，测试人员停止数据采集和记录，并恢复仪器各部分至初始状态。

(6)检查测试数据文件，文件应完整，内容应正常，否则需要重新测试。

(7)关闭测试系统电源，结束测试。

4 计算

激光平整度仪采集的数据是路面相对高程值，应以100m为计算区间长度用IRI的标准计算程序计算IRI值，以m/km计。

5 激光平整度仪测值与国际平整度指数IRI相关关系对比试验

5.1 试验条件

(1)按照每段IRI值变化幅度不小于1.0的范围选择不少于4段不同平整度水平的路段，且有足够加速或减速长度的路段。根据实际测试道路IRI的分布情况，可以适当增加某些范围内的标定路段。

(2)每路段长度不小于300m。

(3)每一段内的平整度应均匀，包括路段前50m的引道。

(4)选择坡度变化较小的直线路段，路段交通量小，便于疏导。

(5)有多个激光测头的系统需要分别标定。

(6)标定宜选择在车道的正常行驶轮迹上进行，明确画出轮迹带测线和起终点位置。

5.2 试验步骤

(1)距离标定

①依据设备供应商建议的长度，选择坡度变化较小的平坦直线路段，标出起终点和行驶轨迹。

②标定开始之前应让测试车以测试速度行驶5～10km，按照设备操作手册规定的预热时间对测试系统进行预热。

③将测试车的前轮对准起点线，启动距离校准程序，然后令车辆沿着路段轨迹直线行驶，避免突然加速或减速，接近终点时，看指挥人员手势减速停车，确保测试车的前轮对准终点线，结束距离校准程序。重复此过程，确保距离传感器测试结果的准确性，应在允许误差范围之内。

(2)参照第3.2条，令所标定的纵断面高程传感器对准测线重复测试5次，取其IRI计算值的平均值作为该路段的测试值。

(3)IRI值的确定

①以精密水准仪作为标准仪具,测量标定路段上测线的纵断高程,要求采样间隔为250mm,高程测试精度为0.5mm;然后用IRI标准计算程序对纵断面测量值进行模型计算,得到标定线路的IRI值。

②其他符合世界银行一类平整度测试标准的纵断面测试仪具也可以作为确定标定路段IRI值的仪具。

5.3 试验数据处理

用数理统计的方法将各标定路段的IRI值和相应的平整度仪测值进行回归分析,建立相关关系方程式,相关系数 R 不得小于0.99。

6 报告

平整度检测报告应包括以下内容:

(1)国际平整度指数IRI平均值。

(2)提供激光平整度仪测值与国际平整度指数IRI在选定测试条件下的相关关系式及相关系数。

条文说明

高效自动化平整度测试系统种类繁多,结构、原理、操作以及所用的指标均存在较大差异,参照世界银行46号报告对平整度测试方法的研究成果,按其对道路纵断面测试的直接程度以及精确度分为反应类平整度测试系统和纵断面平整度测试系统。

反应类测试系统是通过测量车辆在路面上通行时车轴与车身之间的垂直位移或车身的加速度作为其对路面不平整度的反应值,其测试结果与车辆的动态性能有关,因而具有时间不稳定、不易于转换、难以进行比较等固有特征,需要通过与国际平整度指数IRI之间的相关关系,间接换算成国际平整度指数IRI表征路面的平整度,如车载式颠簸累积仪、BPR平整度测试仪、NAASRA平整度测试仪等。纵断面平整度测试系统是通过测量路面纵向断面高程值,直接计算出国际平整度指数IRI表征路面的平整度,如激光断面测试仪、超声波断面测试仪、APL纵断面分析仪、多轮式平整度测试仪等。这类测试系统要求采样间隔不超过500mm,传感器测试精度为1mm,达不到要求的,则应视为反应类测试系统。

国际平整度指数IRI是由世界银行推荐使用的标准的平整度测试指标,并且在其46号报告里发表了IRI的标准计算程序,采用了1/4车模型。IRI是一个断面类的数学统计指标,具有时间稳定性,易于重现,对路面1.2~30.5m范围内的波长有较好的频率响应特征,与大多数平整度测试结果有良好的相关关系,包括与我国现行规范中使用的标准差 σ 也有良好的线性关系。以IRI为标准的平整度测试指标,使不同平整度测试系统的结果可以相互比较。

根据世界银行的分类标准,采样间隔小于或等于250mm,断面测量精度为0.5mm的纵断面测试系统,为一类平整度测试系统,如水准仪、手推车断面仪、部分激光平整度仪等。选取5段IRI在0~

5m/km范围内不同水平的路面的试验表明，同时用水准仪、手推车断面仪、激光平整度仪进行 IRI 测定，三种方法的 IRI 测试结果一致，并且对于所试验的激光平整度仪不同速度的测试结果也具有很好的一致性，因此，我们认为符合世界银行一类平整度标准的仪具，经过系统校准，均可以作为建立反应类测试系统与 IRI 相关关系的标定工具。

超声波平整度仪的使用可参照本方法。

7 强度和模量

T 0941—2008 土基现场 CBR 值测试方法

1 目的与适用范围

1.1 本方法适用于在现场测定各种土基材料的现场 CBR 值,同时也适合于基层、底基层砂类土、天然砂砾、级配碎石等材料 CBR 值的试验。

1.2 本方法所用试样的最大集料粒径宜小于 19.0mm,最大不得超过 31.5mm。

2 仪具与材料技术要求

本方法需要下列仪具与材料:

(1)荷载装置:装载有铁块或集料等重物的载重汽车,后轴重不小于 60kN,在汽车大梁的后轴之后设有一加劲横梁作反力架用。

(2)现场测试装置:如图 T 0941-1 所示,由千斤顶(机械或液压)、测力计(测力环或压力表)及球座组成。千斤顶可使贯入杆的贯入速度调节成 1mm/min。测力计的容量不小于土基强度,测定精度不小于测力计量程的 1%。

(3)贯入杆:直径 ϕ50mm,长约 200mm 的金属圆柱体。

(4)承载板:每块 1.25kg,直径 ϕ150mm,中心孔眼直径 ϕ52mm,不少于 4 块,并沿直径分为两个半圆块。

(5)贯入量测定装置:由图 T 0941-1 中所示的平台及百分表组成。百分表量程 20mm,精度 0.01mm,数量 2 个,对称固定于贯入杆上,端部与平台接触,平台跨度不小于 50cm。

注:此设备也可用两台贝克曼梁弯沉仪代替。

(6)细砂:洁净干燥的细干砂,粒径 0.3~0.6mm。

(7)其他:铁铲、盘、直尺、毛刷、天平等。

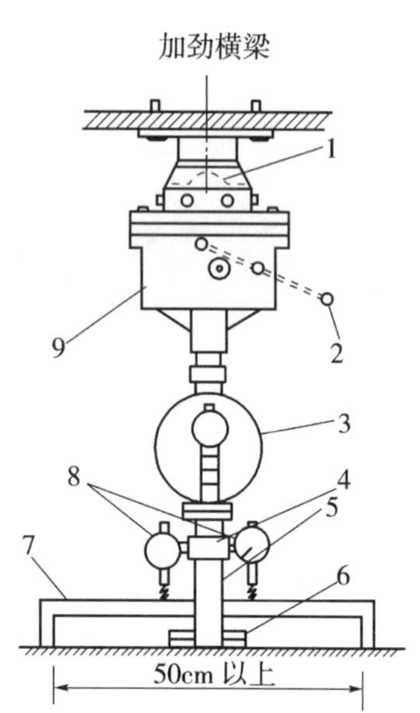

图 T 0941-1 CBR 现场测试装置
1-球座;2-手柄;3-测力计;4-百分表夹具;5-贯入杆;6-承载板;7-平台;8-百分表;9-加载千斤顶

3 方法与步骤

3.1 准备工作

(1)将试验地点约直径 ϕ30cm 范围的表面找平,用毛刷刷净浮土。如表面为粗粒土时,应撒布少许洁净的细砂填平,但不能覆盖全部土基表面避免形成夹层。

(2)安装测试设备:按图 T 0941-1 设置贯入杆及千斤顶。千斤顶顶在加劲横梁上且调节至高度适中。贯入杆应与土基表面紧密接触。

(3)安装贯入量测定装置:将支架平台、百分表(或两台贝克曼梁弯沉仪)按图T 0941-1 安装好。

3.2 测试步骤

(1)在贯入杆位置安放 4 块 1.25kg 的分开成半圆的承载板,共 5kg。

(2)试验贯入前,先在贯入杆上施加 45N 荷载后,将测力计及贯入量百分表调零,记录初始读数。

(3)启动千斤顶,使贯入杆以 1mm/min 的速度压入土基,相应于贯入量为 0.5mm、1.0mm、1.5mm、2.0mm、2.5mm、3.0mm、4.0mm、5.0mm、7.5mm、10.0mm 及12.5mm时,分别读取测力计读数。根据情况,也可在贯入量达 7.5mm 时结束试验。

注:用千斤顶连续加载,两个贯入量百分表及测力计均应在同一时刻读数。当两个百分表读数差值不超过平均值的 30%时,以其平均值作为贯入量;当两个百分表读数差值超过平均值的 30%时,应停止试验。

(4)卸除荷载,移去测定装置。

(5)在试验点下取样,测定材料含水率。取样数量如下:

①最大粒径不大于 4.75mm,试样数量约 120g;

②最大粒径不大于 19.0mm,试样数量约 250g;

③最大粒径不大于 31.5mm,试样数量约 500g。

(6)在紧靠试验点旁边的适当位置,用灌砂法(T 0921—2008)或环刀法(T 0923—1995)等测定土基的密度。

4 计算

4.1 用贯入试验得到的等级荷重数除以贯入断面积($19.625cm^2$),得到各级压强(MPa),绘制荷载压强—贯入量曲线,如图 T 0941-2 所示。当图中曲线在起点处有明显凹凸的情况时,应在曲线的拐弯处作切线延长进行修正,以与坐标轴相交的点 O'作原点,得到修正后的压强—贯入量曲线。

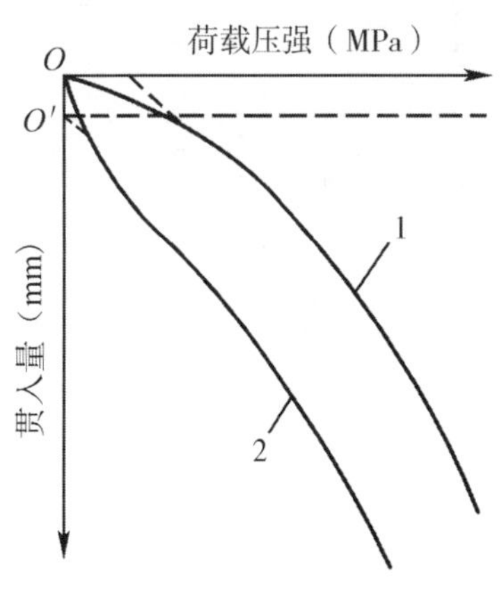

图 T 0941-2 荷载压强—贯入量关系曲线

4.2 从压强—贯入量曲线上读取贯入量为 2.5mm 及 5.0mm 时的荷载压强 p_1,按式(T 0941)计算现场 CBR 值。CBR 一般以贯入量 2.5mm 时的测定值为准,当贯入量 5.0mm 时的 CBR 大于 2.5mm 时的 CBR 时,应重新试验;如重新试验仍然如此时,则以贯入量 5.0mm 时的 CBR 为准。

$$现场CBR(\%)=\frac{p_1}{p_0}\times100 \tag{T 0941}$$

式中：p_1——荷载压强(MPa)；

p_0——标准压强，当贯入量为2.5mm时为7MPa，当贯入量为5.0mm时10.5MPa。

5 报告

5.1 本试验采用的记录格式如表T 0941。

表T 0941 现场CBR值测定记录表

<table>
<tr><td colspan="4">路线和编号</td><td colspan="3">路面结构：</td></tr>
<tr><td colspan="7">测定层位：</td></tr>
<tr><td colspan="4">承载板直径(cm)：</td><td colspan="3">测定日期： 年 月 日</td></tr>
<tr><td rowspan="10">加载记录</td><td rowspan="2">预定贯入量(mm)</td><td colspan="3">贯入量百分表读数(0.01mm)</td><td rowspan="2">测力计读数</td><td rowspan="2">压强(MPa)</td></tr>
<tr><td>1</td><td>2</td><td>平均</td></tr>
<tr><td>0</td><td></td><td></td><td></td><td></td><td></td></tr>
<tr><td>0.5</td><td></td><td></td><td></td><td></td><td></td></tr>
<tr><td>1.0</td><td></td><td></td><td></td><td></td><td></td></tr>
<tr><td>1.5</td><td></td><td></td><td></td><td></td><td></td></tr>
<tr><td>2.0</td><td></td><td></td><td></td><td></td><td></td></tr>
<tr><td>2.5</td><td></td><td></td><td></td><td></td><td></td></tr>
<tr><td>3.0</td><td></td><td></td><td></td><td></td><td></td></tr>
<tr><td>4.0</td><td></td><td></td><td></td><td></td><td></td></tr>
<tr><td>CBR计算</td><td colspan="6">贯入断面面积： cm^2
相当于贯入量2.5mm时的荷载压强：标准压强=7MPa CBR$_{2.5}$= (%)
相当于贯入量5.0mm时的荷载压强：标准压强=10.5MPa CBR$_5$= (%)
试验结果现场CBR= (%)</td></tr>
<tr><td rowspan="3">含水率</td><td></td><td>湿土质量(g)</td><td>干土质量(g)</td><td>水质量(g)</td><td>含水率(%)</td><td>平均含水率(%)</td></tr>
<tr><td>1</td><td></td><td></td><td></td><td></td><td></td></tr>
<tr><td>2</td><td></td><td></td><td></td><td></td><td></td></tr>
<tr><td rowspan="3">密度</td><td></td><td>试样湿质量(g)</td><td>试样干质量(g)</td><td>体积(cm^3)</td><td>干密度(g/cm^3)</td><td>平均干密度(g/cm^3)</td></tr>
<tr><td>1</td><td></td><td></td><td></td><td></td><td></td></tr>
<tr><td>2</td><td></td><td></td><td></td><td></td><td></td></tr>
</table>

5.2 试验报告应包括下列结果：

(1)土基含水率(%)；

(2)测点的干密度(g/cm^3)；

(3)现场 CBR 值及相应的贯入量。

条文说明

土工试验中通常所指的 CBR 值是土基或基层、底基层材料的加利福尼亚州承载比，是 California Bearing Ratio 之略称，为室内标准压实的试件经泡水膨胀后进行贯入试验，在荷载压强—贯入量曲线上读取规定贯入量时的荷载压强与标准压强的比值，以百分数表示。标准压强是由优质碎石大量试验得到的，当贯入量为 2.5mm 时标准压强为 7MPa，当贯入量为 5.0mm 时标准压强为 10.5MPa。如果试验条件变化，当然所得到的结果也不一样，例如本方法所指是在公路现场条件下测定的，土基的含水率和压实度与标准条件不同，也未经泡水，但是贯入试验的程序与室内 CBR 试验相同，所得到的承载比也是从试验得到的荷载压强—贯入量曲线上读取规定贯入量时的荷载压强与标准压强的比值。为了与室内 CBR 试验一致，本次修订时也要求在试验贯入前，先在贯入杆上施加 45N 荷载调零后再测试。为了与通常所指的 CBR 值有所区别，特指为现场 CBR 值。

T 0943—2008　承载板测定土基回弹模量试验方法

1　目的与适用范围

1.1　本方法适用于在现场土基表面，通过用承载板对土基逐级加载、卸载的方法，测出每级荷载下相应的土基回弹变形值，通过计算求得土基回弹模量。

1.2　本方法测定的土基回弹模量可作为路面设计参数使用。

2　仪具与材料技术要求

本方法需要下列仪具与材料：

(1)加载设施：载有铁块或集料等重物，后轴重不小于 60kN 的载重汽车一辆，作为加载设备。在汽车大梁的后轴之后约 80cm 处，附设加劲横梁一根作反力架。汽车轮胎充气压力 0.50MPa。

(2)现场测试装置：如图 T 0943-1 所示，由千斤顶、测力计(测力环或压力表)及球座组成。

(3)刚性承载板一块，板厚 20mm，直径为 ϕ30cm，直径两端设有立柱和可以调整高度的支座，供安放弯沉仪测头用。承载板安放在土基表面上。

(4)路面弯沉仪两台，由贝克曼梁、百分表及其支架组成。

(5)液压千斤顶一台，80～100kN，装有经过标定的

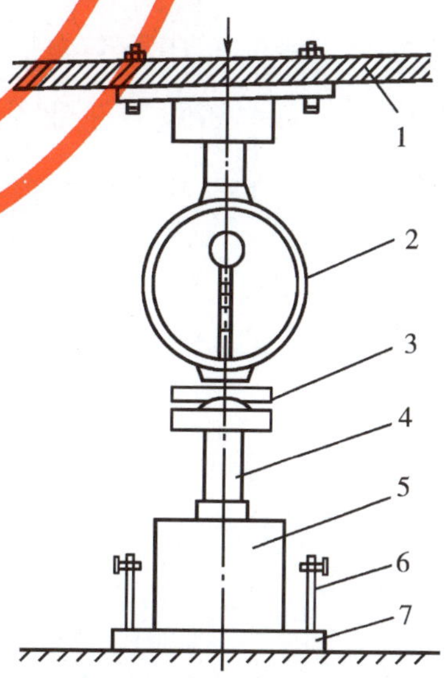

图 T 0943-1　承载板试验现场测试装置

1-加劲横梁；2-测力计；3-钢板及球座；4-钢圆筒；5-加载千斤顶；6-立柱及支座；7-承载板

压力表或测力环,其容量不小于土基强度,测定精度不小于测力计量程的1%。

(6)秒表。

(7)水平尺。

(8)其他:细砂、毛刷、垂球、镐、铁锹、铲等。

3 方法与步骤

3.1 准备工作

(1)根据需要选择有代表性的测点。测点应位于水平的路基上,土质均匀,不含杂物。

(2)仔细平整土基表面,撒干燥洁净的细砂填平土基凹处。砂子不可覆盖全部土基表面,避免形成夹层。

(3)安置承载板,并用水平尺进行校正,使承载板处于水平状态。

(4)将试验车置于测点上,在加劲横梁中部悬挂垂球测试,使之恰好对准承载板中心,然后收起垂球。

(5)在承载板上安放千斤顶,上面衬垫钢圆筒、钢板,并将球座置于顶部与加劲横梁接触。如用测力环时,应将测力环置于千斤顶与横梁中间,千斤顶及衬垫物必须保持垂直,以免加压时千斤顶倾倒发生事故并影响测试数据的准确性。

(6)安放弯沉仪,将两台弯沉仪的测头分别置于承载板立柱的支座上,百分表对零或其他合适的初始位置上。

3.2 测试步骤

(1)用千斤顶开始加载,注视测力环或压力表,至预压0.05MPa,稳压1min,使承载板与土基紧密接触,同时检查百分表,其工作情况应正常,然后放松千斤顶油门卸载,稳压1min后,将指针对零,或记录初始读数。

(2)测定土基的压力—变形曲线。用千斤顶加载,采用逐级加载卸载法,用压力表或测力环控制加载量,荷载小于0.1MPa时,每级增加0.02MPa,以后每级增加0.04MPa左右。为了使加载和计算方便,加载数值可适当调整为整数。每次加载至预定荷载P后,稳定1min,立即读记两台弯沉仪百分表数值,然后轻轻放开千斤顶油门卸载至0,待卸载稳定1min后,再次读数,每次卸载后百分表不再对零。当两台弯沉仪百分表读数之差不超过平均值的30%时,取平均值;如超过30%,则应重测。当回弹变形值超过1mm时,即可停止加载。

(3)各级荷载的回弹变形和总变形,按以下方法计算:

$$\text{回弹变形 } L = (\text{加载后读数平均值} - \text{卸载后读数平均值}) \times \text{弯沉仪杠杆比} \tag{T 0943-1}$$

$$\text{总变形 } L' = (\text{加载后读数平均值} - \text{加载初始前读数平均值}) \times \text{弯沉仪杠杆比} \tag{T 0943-2}$$

(4)测定总影响量a。最后一次加载卸载循环结束后,取走千斤顶,重新读取百分表初读数,然后将汽车开出10m以外,读取终读数,两只百分表的初、终读数差之平均值即

为总影响量 a。

(5)在试验点下取样,测定材料含水率。取样数量如下:

①最大粒径不大于4.75mm,试样数量约120g;

②最大粒径不大于19.0mm,试样数量约250g;

③最大粒径不大于31.5mm,试样数量约500g。

(6)在紧靠试验点旁边的适当位置,用灌砂法(T 0921—2008)或环刀法(T 0923—1995)等测定土基的密度。

(7)本方法的各项数值可记录于记录表上。

4 计算

4.1 各级压力的回弹变形值加上该级的影响量后,则为计算回弹变形值。表T 0943-1是以后轴重60kN的标准车为测试车的各级荷载影响量的计算值。当使用其他类型测试车时,各级压力下的影响量 a_i 按式(T 0943-3)计算:

$$a_i = \frac{(T_1 + T_2)\pi D^2 p_i}{4T_1 Q} \cdot a \qquad (T\ 0943\text{-}3)$$

式中:T_1——测试车前后轴距(m);

T_2——加劲小梁距后轴距离(m);

D——承载板直径(m);

Q——测试车后轴重(N);

p_i——该级承载板压力(Pa);

a——总影响量(0.01mm);

a_i——该级压力的分级影响量(0.01mm)。

表T 0943-1 各级荷载影响量(后轴60kN车)

承载板压力(MPa)	0.05	0.10	0.15	0.20	0.30	0.40	0.50
影响量	0.06a	0.12a	0.18a	0.24a	0.36a	0.48a	0.60a

4.2 将各级计算回弹变形值点绘于标准计算纸上,排除显著偏离的异常点并绘出顺滑的 p-L 曲线。如曲线起始部分出现反弯,应按图T 0943-2所示修正原点 O,O' 则是修正后的原点。

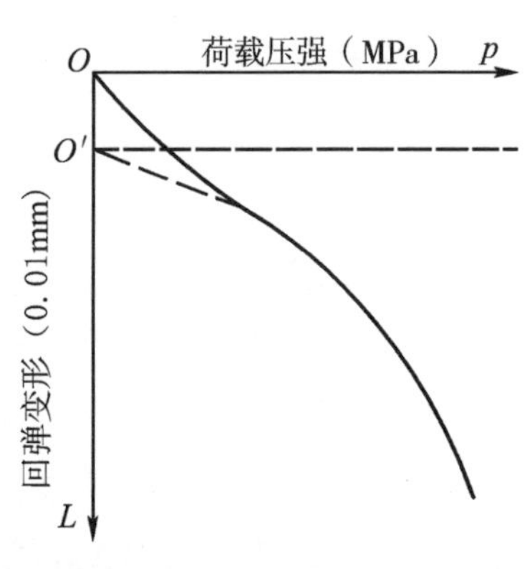

图T 0943-2 修正原点示意图

4.3 按式(T 0943-4)计算相应于各级荷载下的土基回弹模量 E_i 值:

$$E_i = \frac{\pi D}{4} \cdot \frac{p_i}{L_i}(1 - \mu_0^2) \qquad (T\ 0943\text{-}4)$$

式中:E_i——相应于各级荷载下的土基回弹模量(MPa);

μ_0——土的泊松比,根据相关路面设计规范规定取用;

D——承载板直径,取 30cm;

p_i——承载板压力(MPa);

L_i——相对于荷载 p_i 时的回弹变形(cm)。

4.4 取结束试验前的各回弹变形值按线性回归方法由式(T 0943-5)计算土基回弹模量 E_0 值。

$$E_0=\frac{\pi D}{4}\cdot\frac{\sum p_i}{\sum L_i}(1-\mu_0^2) \tag{T 0943-5}$$

式中:E_0——土基回弹模量(MPa);

μ_0——土的泊松比,根据相关路面设计规范规定选用;

L_i——结束试验前的各级实测回弹变形值;

p_i——对应于 L_i 的各级压力值。

5 报告

5.1 本试验采用的记录格式见表 T 0943-2。

表 T 0943-2 承载板测定记录表

路线和编号: 路面结构:

测定层位: 测定用汽车型号:

承载板直径(cm): 测定日期: 年 月 日

千斤顶读数	荷载 P (kN)	承载板压力 p (MPa)	百分表读数(0.01mm)			总变形 (0.01mm)	回弹变形 (0.01mm)	分级影响量 (0.01mm)	计算回弹变形 (0.01mm)	E_i (MPa)
			加载前	加载后	卸载后					
总影响量 a(0.01mm)										
土基回弹模量 E_0 值(MPa)										

5.2 试验报告应记录下列结果:

(1)试验时所采用的汽车;

(2)近期天气情况;

(3)试验时土基的含水率(%);

(4)土基密度(g/cm^3)和压实度(%);

(5)相应于各级荷载下的土基回弹模量 E_i 值(MPa);

(6)土基回弹模量 E_0 值(MPa)。

条文说明

承载板直径有使用 ϕ30cm 的，也有使用 ϕ30.4cm 的，为使用方便，并适应 BZZ-100 标准车的要求，统一为 ϕ30cm。

承载板试验至什么情况结束，现在各单位有一些不同的做法，总的原则是路基应基本上处于弹性变形的范围内，且大体符合路基变形情况，对高速、一级、二级公路，半刚性基层沥青路面、水泥混凝土路面，由于路面较厚，模量较高，交通荷载传递到路基的受力较小，实际上往往小于 0.1MPa，变形小于 0.3～0.5mm；而当路面较薄，公路等级较低时，路基的受力较大，变形就可能达到 0.5～1.0mm。因此，应根据具体情况决定。公路部门多年使用回弹变形到 1mm 结束的规定，建设部门有改为采用压力标准 0.1MPa 的建议，在许多情况下结果相近，但有时会不一样，因为荷载不同时，应力应变直线关系有所变化。请试验时根据情况决定。

计算路基回弹模量 E_i 值时，泊松比 μ_0 是必须用的指标，可根据相关设计规范的规定选用；当无规定时，非黏性土可取 0.30，高黏性土取 0.50，一般可取 0.35 或 0.40。

T 0944—1995　贝克曼梁测定路基路面回弹模量试验方法

1　目的与适用范围

本方法适用于在土基、厚度不小于 1m 的粒料整层表面，用弯沉仪测试各测点的回弹弯沉值，通过计算求得该材料的回弹模量值，也适用于在旧路表面测定路基路面的综合回弹模量。

2　仪具与材料技术要求

本方法需要下列仪具与材料：

(1)标准车：按本规程 T 0951 的规定选用。

(2)路面弯沉仪：由贝克曼梁、百分表及表架组成。贝克曼梁由合金铝制成，上有水准泡，其前臂(接触路面)与后臂(装百分表)长度比为 2:1，标准弯沉仪前后臂分别为 240mm 和 120mm，加长弯沉仪分别为 360mm 和 180mm。弯沉采用百分表量得。

(3)路表温度计：分度不大于 1℃。

(4)接长杆：直径 ϕ16mm，长 500mm。

(5)其他：皮尺、口哨、粉笔、指挥旗等。

3　方法与步骤

3.1　准备工作

(1)选择洁净的路基路面表面作为测点，在测点处做好标记并编号。

(2)无结合料粒料基层的整层试验段(试槽)应符合下列要求：

①整层试槽可修筑在行车带范围内，或路肩及其他合适处，也可在室内修筑，但均应

适于用汽车测定弯沉。

②试槽应选择在干燥或中湿路段处,不得铺筑在软土基上。

③试槽面积不小于3m×2m,厚度不宜小于1m。铺筑时,先挖3m×2m×1m(长×宽×深)的坑;然后用欲测定的同一种路面材料按有关施工规范规定的压实层厚度分层铺筑并压实,直至顶面,使其达到要求的压实度标准。应严格控制材料组成,级配均匀一致,符合施工质量要求。

④试槽表面的测点间距可按图T 0944布置在中间2m×1m的范围内,可测定23点。

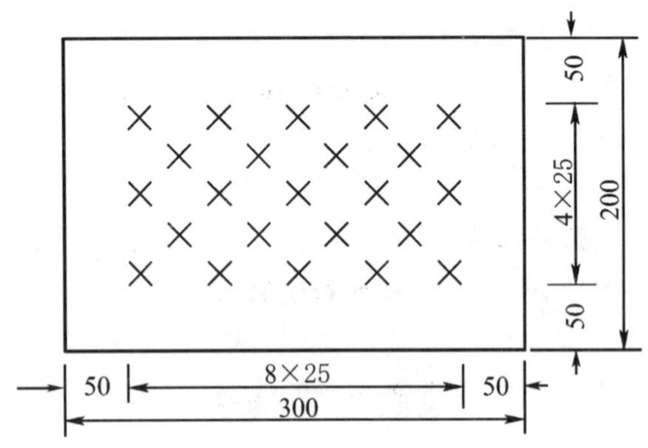

图T 0944　试槽表面的测点布置(单位:cm)

3.2　测试步骤

按本规程T 0951的方法选择适当的标准车,实测各测点处的路面回弹弯沉值 L_i。如在旧沥青面层上测定时,应读取温度,并按T 0951规定的方法进行测定弯沉值的温度修正,得到标准温度20℃时的弯沉值。

4　计算

4.1　按式(T 0944-1)、式(T 0944-2)、式(T 0944-3)计算全部测定值的算术平均值 $\overline{L}$,单次测量的标准差 S_0 和自然误差 r_0。

$$\overline{L}=\frac{\sum L_i}{N} \qquad \text{(T 0944-1)}$$

$$S=\sqrt{\frac{\sum(L_i-\overline{L})^2}{N-1}} \qquad \text{(T 0944-2)}$$

$$r_0=0.675S \qquad \text{(T 0944-3)}$$

式中:$\overline{L}$——回弹弯沉的平均值(0.01mm);

S——回弹弯沉测定值的标准差(0.01mm);

r_0——回弹弯沉测定值的自然误差(0.01mm);

L_i——各测点的回弹弯沉值(0.01mm);

N——测点总数。

4.2 计算各测点的测定值与算术平均值的偏差值 $d_i = L_i - \overline{L}$,并计算较大的偏差与自然误差之比 d_i/r_0。当某个测点的观测值的 d_i/r_0 值大于表 T 0944-1 中的 d/r 极限值时,则应舍弃该测点;然后重复式(T 0944-1)的步骤计算所余各测点的算术平均值 $\overline{L}$ 及标准差 S。

表 T 0944-1　相应于不同观测次数的 d/r 极限值

N	5	10	15	20	50
d/r	2.5	2.9	3.2	3.3	3.8

4.3 按式(T 0944-4)计算代表弯沉值。

$$L_1 = \overline{L} + S \tag{T 0944-4}$$

式中:L_1——计算代表弯沉;

$\overline{L}$——舍弃不合要求的测点后所余各测点弯沉的算术平均值;

S——舍弃不合要求的测点后所余各测点弯沉的标准差。

4.4 按式(T 0944-5)计算土基、整层材料的回弹模量 E_1 或旧路的综合回弹模量。

$$E_1 = \frac{2p\delta}{L_1}(1 - \mu^2)a \tag{T 0944-5}$$

式中:E_1——计算的土基、整层材料的回弹模量或旧路的综合回弹模量(MPa);

p——测定车轮的平均垂直荷载(MPa);

δ——测定用标准车双圆荷载单轮传压面当量圆的半径(cm);

μ——测定层材料的泊松比,根据相关路面设计规范的规定取用;

a——弯沉系数,为 0.712。

5 报告

报告应包括弯沉测定表、计算的代表弯沉、采用的泊松比及计算得到的材料回弹模量 E_1 等,对沥青路面应报告测试时的路面温度。

条文说明

原方法是按照《公路柔性路面设计规范》(JTJ 014—87)的方法编写的,而现行设计规范中对标准轴载早已改为 BZZ-100,取消了 BZZ-60,所以本次修改对标准车按本规程 T 0951 的规定选用。

计算土基及整层材料的回弹模量 E_1 或旧路的综合回弹模量时,材料的泊松比是必须用的指标,但泊松比是随测定方法及使用条件不同而异的,我国历来取用相同的值,为此本规程不作具体规定,取用时可参照设计规范的值。当无规定时,可参考美国 AASHTO 路面设计指南 1987 年版的规定,如表 T 0944-2所列(此表规定仅适用于弯沉计算)。其中,路基 μ 值我国通常采用 0.35,沥青材料通常采用 0.25,有所不同。

表 T 0944-2　AASHTO 规定的道路材料供弯沉计算用的泊松比 μ 值

材　料	泊松比范围	备　考						常用泊松比
水泥混凝土	0.10~0.20							0.15
沥青混凝土 沥青碎石	0.15~0.45	温度(℃)	<0	20	30	40	>50	0.35
		μ	0.15	0.2	0.3	0.4	0.45	
水泥稳定基层	0.15~0.30	无裂缝龄期长取小值,裂缝多龄期短取大值						0.20
石灰粉煤灰稳定基层	0.15~0.30							0.25
无结合料粒料基层	0.30~0.40	碎石取低值						0.35
土基	0.30~0.50	非黏性土 0.30,高黏性土可近 0.50						0.40

T 0945—2008　动力锥贯入仪测定路基路面 CBR 试验方法

1　目的与适用范围

本方法适用于动力锥贯入仪(DCP)现场快速测定或评估无结合料材料路基、路面的强度。

2　仪具与材料技术要求

本方法需要下列仪具与材料:

(1)动力锥贯入仪(DCP):结构与形状如图 T 0945-1所示,包括手柄、落锤、导向杆、联轴器(锤座)、扶手、夹紧环、探杆、1m 刻度尺、锥头。

标准落锤质量为 8kg 或 10kg。

锥头锥尖角度为 90°、60°或 30°等,最大直径 20mm。锥头最大允许磨损尺寸,尖端为 4mm,直径为 10%,否则必须更换。

(2)电钻。

(3)其他:扳手、铁铲、记录本等。

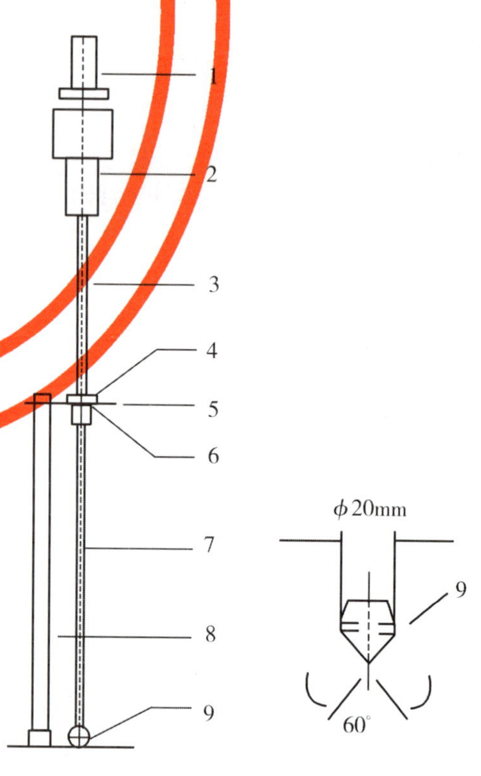

图 T 0945-1　动力锥贯入仪的结构与形状示意图
1-手柄;2-落锤;3-导向杆;4-联轴器;5-扶手;6-夹紧环;7-探杆;8-1m 刻度尺;9-锥头

3　方法与步骤

3.1　准备工作

(1)利用当地材料进行对比试验,建立现场 CBR 值或强度与用 DCP 测定的贯入度 D_d 或贯入阻力 Q_d 之间的相关关系。测点数宜不少于 15 个,相关系数 R 应不小于 0.95。

(2)放入落锤,将仪器的导向杆与探杆在联轴器处紧固连接,保证不会松动。

(3)将 DCP 竖直立于硬地(如混凝土)上,然后记录零读数。

(4)根据需要选择有代表性的测点,测点应位于平整的路基、路面基层、面层上。如果要探测的层位上面有难以穿透的坚硬结构层时,应钻孔或刨挖至其顶面。

3.2 测试步骤

(1)将 DCP 放至测点位置。一人手扶仪器手柄,使探杆保持竖直。一人提起落锤至导向杆顶端,然后松开,使之呈自由落体下落。如果试验中探杆稍有倾斜,不可扶正;如果倾斜较大,造成落锤不是自由落体,则该点试验应废弃。

(2)读取贯入深度。每贯入约 10mm 读一次数,记录锤击数和贯入量(mm)。

注:对于粒料基层,可能每 5 次或 10 次锤击读数一次;对于比较软弱的结构层,可能每 1 ~ 2 次锤击读数一次。

(3)连续锤击、测量,直到需要的结构层深度。当材料层坚硬,贯入量低到连续锤击 10 次而无变化时,可以停止试验或钻孔透过后继续试验。

(4)将落锤移走,从探坑中取出 DCP 仪器。

4 计算

(1)DCP 的测试结果可用以锤击次数为横坐标、贯入深度为纵坐标的贯入曲线表示,或使用专用的计算机程序进行处理,得出结构层材料的现场强度或 CBR 值等。

(2)通常可以计算出贯入度(平均每次的贯入量,mm/锤击次数)D_d,按得出的相关关系公式(T 0945-1)计算 CBR 值。

$$\lg(\mathrm{CBR}) = a - b \cdot \lg D_d \tag{T 0945-1}$$

式中:CBR——结构层材料的现场 CBR 值;

D_d——贯入度(mm);

a、b——回归系数。

(3)也可以按荷兰公式(T 0945-2)计算出动贯入阻力 Q_d,按得出的相关关系公式(T 0945-3)计算 CBR 值。

$$Q_d = \frac{m}{m + m_0} \cdot \frac{MgH}{A} \tag{T 0945-2}$$

式中:Q_d——动贯入阻力(kPa);

m_0——贯入器即被打入部分(包括锥头、探杆、锤座和导向杆等)的质量(kg);

m——落锤质量(kg);

g——重力加速度,$g = 9.8\mathrm{m/s^2}$;

H——落距(m);

A——探头截面积($\mathrm{cm^2}$)。

$$\lg(\mathrm{CBR}) = a + b \cdot \lg Q_d \tag{T 0945-3}$$

式中:CBR——结构层材料的现场 CBR 值;

Q_d——动贯入阻力(kPa);

a、b——回归系数。

5 报告

5.1 本试验采用的记录格式见表 T 0945。

表 T 0945 动力锥贯入仪试验记录表

工程名称:			路面(路基)结构:	
测点桩号:			测试日期: 年 月 日	
序号	锤击次数	∑锤击次数	贯入深度(mm)	贯入度 D_d(mm)

5.2 测试报告应包括下列事项:

(1)动力锥贯入仪的型号参数;

(2)各测点的位置桩号、锤击次数及相应的贯入量,并附贯入曲线图;

(3)数据处理方法,现场强度或 CBR 值、结构层厚度等。

条文说明

动力锥贯入仪(Dynamic Cone Penetrometer,简称 DCP)在英国、美国、南非等国家被广泛用于测定路面结构性能,法国还使用一种类似的可变能量动力贯入仪(PANDA)进行压实控制(《压实质量控制——可变能量贯入仪法》标准 XP P 94-105)。

动力锥贯入仪技术要求参考了英国运输研究院(TRL)的标准,也可以使用 PANDA 等自动测试和记录的贯入仪。研究结果表明,锥头锥尖角度对测试结果的影响并不显著,90°、60°使用较多。

国内外有关贯入度或贯入阻力与 CBR 等指标的关系式很多,但应根据实际情况标定后采用。

图 T 0945-2 为英国 TRL《沥青路面结构设计指南(第 31 号)》中所列的 CBR 与贯入度(DCR)关系图。

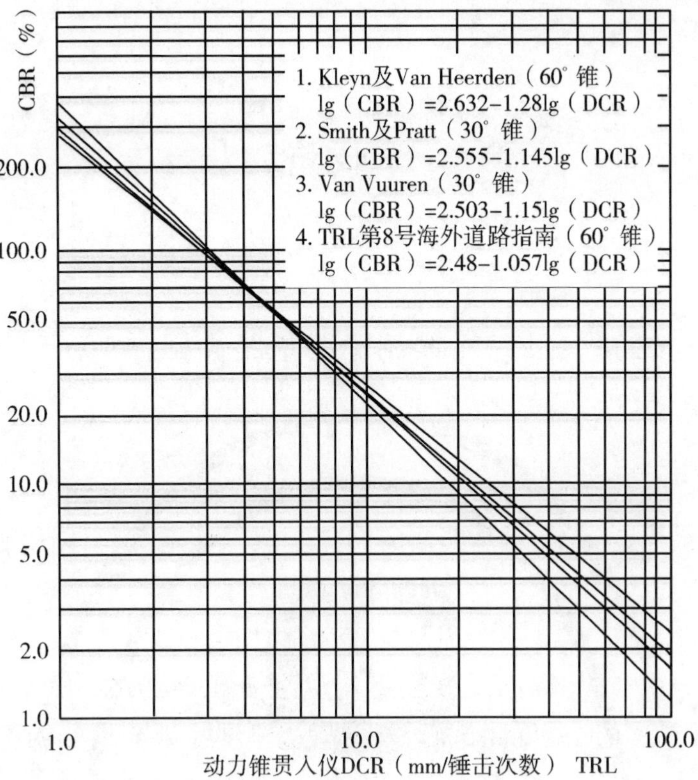

图 T 0945-2 DCR-CBR 关系图

8 承载能力

T 0951—2008 贝克曼梁测定路基路面回弹弯沉试验方法

1 目的与适用范围

1.1 本方法适用于测定各类路基路面的回弹弯沉以评定其整体承载能力,可供路面结构设计使用。

1.2 沥青路面的弯沉检测以沥青面层平均温度20℃时为准,当路面平均温度在20℃±2℃以内可不修正,在其他温度测试时,对沥青层厚度大于5cm的沥青路面,弯沉值应予温度修正。

2 仪具与材料技术要求

本方法需要下列仪具与材料:

(1)标准车:双轴,后轴双侧4轮的载重车。其标准轴荷载、轮胎尺寸、轮胎间隙及轮胎气压等主要参数应符合表T 0951的要求。测试车应采用后轴10t标准轴载BZZ-100的汽车。

(2)路面弯沉仪:由贝克曼梁、百分表及表架组成。贝克曼梁由合金铝制成,上有水准泡,其前臂(接触路面)与后臂(装百分表)长度比为2:1。弯沉仪长度有两种:一种长3.6m,前后臂分别为2.4m和1.2m;另一种加长的弯沉仪长5.4m,前后臂分别为3.6m和1.8m。当在半刚性基层沥青路面或水泥混凝土路面上测定时,应采用长度为5.4m的贝克曼梁弯沉仪;对柔性基层或混合式结构沥青路面可采用长度为3.6m的贝克曼梁弯沉仪测定。弯沉采用百分表量得,也可用自动记录装置进行测量。

(3)接触式路表温度计:端部为平头,分度不大于1℃。

(4)其他:皮尺、口哨、白油漆或粉笔、指挥旗等。

表T 0951 弯沉测定用的标准车参数

标准轴载等级	BZZ-100
后轴标准轴载 P(kN)	100±1
一侧双轮荷载(kN)	50±0.5
轮胎充气压力(MPa)	0.70±0.05
单轮传压面当量圆直径(cm)	21.30±0.5
轮隙宽度	应满足能自由插入弯沉仪测头的测试要求

3 方法与步骤

3.1 准备工作

(1)检查并保持测定用标准车的车况及制动性能良好,轮胎胎压符合规定充气压力。

(2)向汽车车槽中装载(铁块或集料),并用地中衡称量后轴总质量及单侧轮荷载,均应符合要求的轴重规定,汽车行驶及测定过程中,轴重不得变化。

(3)测定轮胎接地面积:在平整光滑的硬质路面上用千斤顶将汽车后轴顶起,在轮胎下方铺一张新的复写纸和一张方格纸,轻轻落下千斤顶,即在方格纸上印上轮胎印痕,用求积仪或数方格的方法测算轮胎接地面积,准确至 $0.1cm^2$。

(4)检查弯沉仪百分表量测灵敏情况。

(5)当在沥青路面上测定时,用路表温度计测定试验时气温及路表温度(一天中气温不断变化,应随时测定),并通过气象台了解前 5d 的平均气温(日最高气温与最低气温的平均值)。

(6)记录沥青路面修建或改建材料、结构、厚度、施工及养护等情况。

3.2 测试步骤

(1)在测试路段布置测点,其距离随测试需要而定。测点应在路面行车车道的轮迹带上,并用白油漆或粉笔画上标记。

(2)将试验车后轮轮隙对准测点后约 3~5cm 处的位置上。

(3)将弯沉仪插入汽车后轮之间的缝隙处,与汽车方向一致,梁臂不得碰到轮胎,弯沉仪测头置于测点上(轮隙中心前方 3~5cm 处),并安装百分表于弯沉仪的测定杆上,百分表调零,用手指轻轻叩打弯沉仪,检查百分表应稳定回零。

弯沉仪可以是单侧测定,也可以是双侧同时测定。

(4)测定者吹哨发令指挥汽车缓缓前进,百分表随路面变形的增加而持续向前转动。当表针转动到最大值时,迅速读取初读数 L_1。汽车仍在继续前进,表针反向回转,待汽车驶出弯沉影响半径(约 3m 以上)后,吹口哨或挥动指挥红旗,汽车停止。待表针回转稳定后,再次读取终读数 L_2。汽车前进的速度宜为 5km/h 左右。

3.3 弯沉仪的支点变形修正

(1)当采用长度为 3.6m 的弯沉仪进行弯沉测定时,有可能引起弯沉仪支座处变形,在测定时应检验支点有无变形。如果有变形,此时应用另一台检测用的弯沉仪安装在测定用弯沉仪的后方,其测点架于测定用弯沉仪的支点旁。当汽车开出时,同时测定两台弯沉仪的弯沉读数,如检验弯沉仪百分表有读数,即应该记录并进行支点变形修正。当在同一结构层上测定时,可在不同位置测定 5 次,求取平均值,以后每次测定时以此作为修正值。支点变形修正的原理如图 T 0951-1 所示。

(2)当采用长度为 5.4m 的弯沉仪测定时, 可不进行支点变形修正。

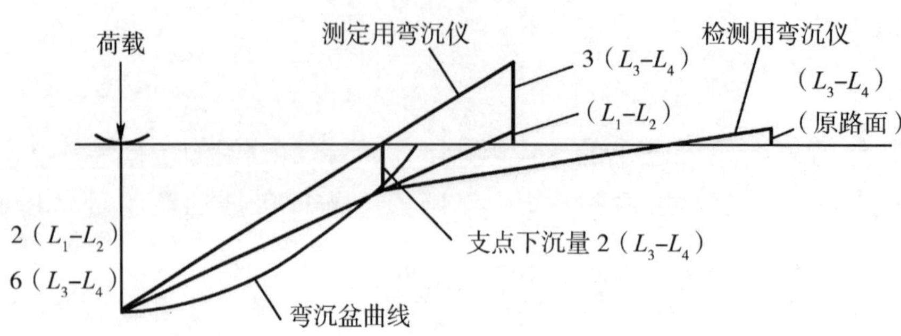

图 T 0951-1　弯沉仪支点变形修正原理

4　结果计算及温度修正

4.1　路面测点的回弹弯沉值按式(T 0951-1)计算。

$$l_t = (L_1 - L_2) \times 2 \qquad (\text{T 0951-1})$$

式中:l_t——在路面温度 t 时的回弹弯沉值(0.01mm);

L_1——车轮中心临近弯沉仪测头时百分表的最大读数(0.01mm);

L_2——汽车驶出弯沉影响半径后百分表的终读数(0.01mm)。

4.2　当需进行弯沉仪支点变形修正时,路面测点回弹弯沉值按式(T 0951-2)计算。

$$l_t = (L_1 - L_2) \times 2 + (L_3 - L_4) \times 6 \qquad (\text{T 0951-2})$$

式中:L_1——车轮中心临近弯沉仪测头时测定用弯沉仪的最大读数(0.01mm);

L_2——汽车驶出弯沉影响半径后测定用弯沉仪的终读数(0.01mm);

L_3——车轮中心临近弯沉仪测头时检验用弯沉仪的最大读数(0.01mm);

L_4——汽车驶出弯沉影响半径后检验用弯沉仪的终读数(0.01mm)。

注:此式适用于测定用弯沉仪支座处有变形,但百分表架处路面已无变形的情况。

4.3　沥青面层厚度大于 5cm 的沥青路面，回弹弯沉值应进行温度修正。温度修正及回弹弯沉的计算宜按下列步骤进行。

(1)测定时的沥青层平均温度按式(T 0951-3)计算:

$$t = (t_{25} + t_m + t_e)/3 \qquad (\text{T 0951-3})$$

式中:t——测定时沥青层平均温度(℃);

t_{25}——根据 t_0 由图 T 0951-2 决定的路表下 25mm 处的温度(℃);

t_m——根据 t_0 由图 T 0951-2 决定的沥青层中间深度的温度(℃);

t_e——根据 t_0 由图 T 0951-2 决定的沥青层底面处的温度(℃)。

图 T 0951-2 中 t_0 为测定时路表温度与测定前 5d 日平均气温的平均值之和(℃),日平均气温为日最高气温与最低气温的平均值。

(2)根据沥青层平均温度 t 及沥青层厚度，分别由图 T 0951-3 及图 T 0951-4 求取不同基层的沥青路面弯沉值的温度修正系数 K。

(3)沥青路面回弹弯沉按式(T 0951-4)计算

$$l_{20} = l_t \times K \tag{T 0951-4}$$

式中:K——温度修正系数;

l_{20}——换算为20℃的沥青路面回弹弯沉值(0.01mm);

l_t——测定时沥青面层的平均温度为 t 时的回弹弯沉值(0.01mm)。

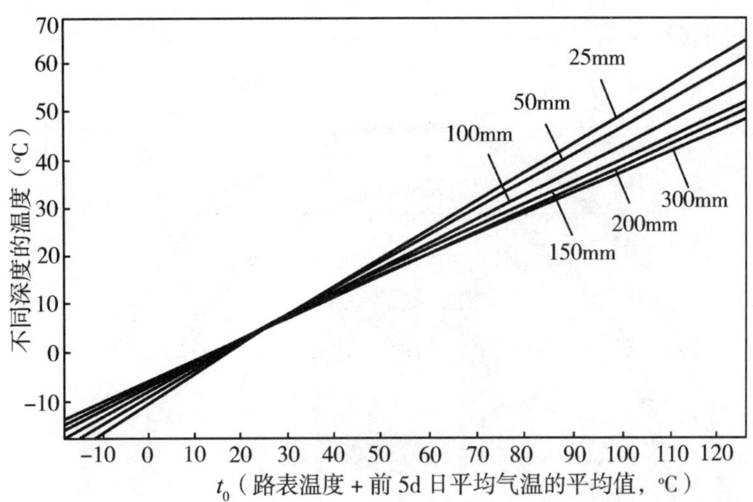

图 T 0951-2 沥青层平均温度的决定

注:线上的数字表示从路表向下的不同深度(mm)。

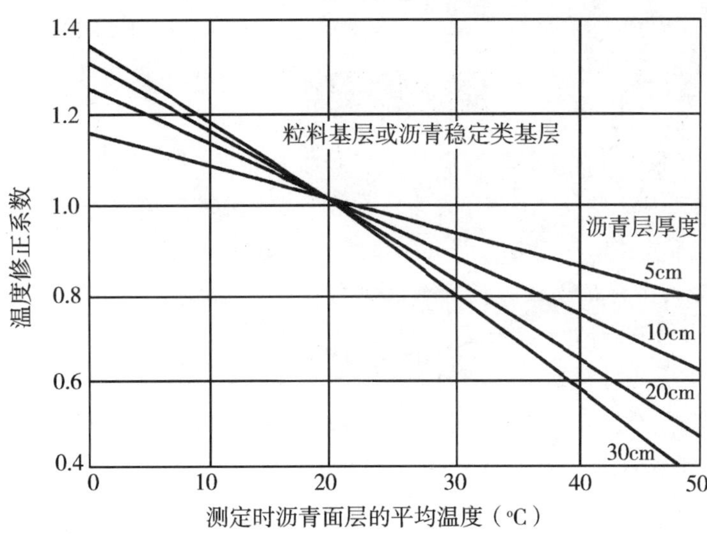

图 T 0951-3 路面弯沉温度修正系数曲线(适用于粒料基层及沥青稳定基层)

5 报告

报告应包括下列内容:

(1)弯沉测定表、支点变形修正值、测试时的路面温度及温度修正值。

(2)每一个评定路段的各测点弯沉的平均值、标准差及代表弯沉。

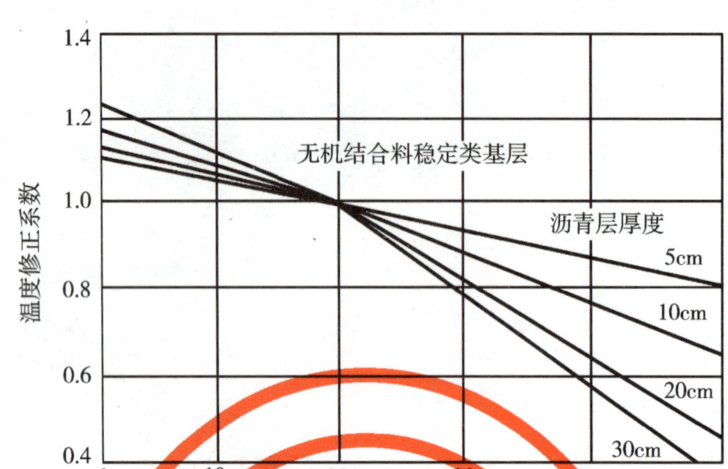

图 T 0951-4 路面弯沉温度修正系数曲线(适用于无机结合料稳定的半刚性基层)

条文说明

贝克曼梁由美国 A.C.Benkilman 于 1953 年发明,并用于 AASHO 试验路,后作为补强设计及施工时弯沉检验的手段,在全世界得到了广泛应用,在我国已作为路面设计的标准方法和基本参数。对于路面弯沉,可以测定总弯沉或回弹弯沉,在我国均普遍应用过。但由于总弯沉必须用后退法测定,对半刚性基层来说,弯沉影响范围大致 3~5m,汽车必须距离测定点很远,对驾驶员的驾驶技术要求很高,精确测定十分困难。为此,本试验法仅列入广泛应用的回弹弯沉测定方法。

本方法根据长期以来的使用经验和参照国外的试验方法编写。国外的方法主要有 ASTM、AASHTO、日本道路协会铺装试验法便览 7-2 及加拿大标准等。

目前工程上广泛使用贝克曼梁测定弯沉,并作为路面弯沉检测和竣工、交工验收的标准方法,其测量的精确性和代表性非常重要。测定弯沉用的标准车是很重要的,我国一直规定用解放牌 CA-10B 型及黄河牌 JN-150 型作为两个荷载等级的标准车。但这两种车型已很少使用,显然已不能作为标准车型。因此,对《公路柔性路面设计规范》标准车的规定进行修订,取消对典型车型的规定,改为仅规定轴重、轮压、气压等主要参数,凡符合这些参数的车型皆可使用。根据国内外研究资料,影响路表弯沉测定的主要因素为荷载大小、轮胎尺寸、轮胎间距和轮胎压力,因此,建议在选择标准车的时候,轮胎规格选用 10-20(英寸)12PR 层级以上或者 11-20(英寸)12PR 层级以上的轮胎型号。这些货车类型的参数基本上能达到标准车的要求,不会出现标准车很难获得的情况。

随着交通运输的发展,不仅交通量增长很快,而且重车增多,特别是货车超载现象越来越严重,同时随着半刚性基层结构承载能力增强,轻型车对路面的疲劳损伤作用减小。考虑这些因素,1997 年《公路沥青路面设计规范》(JTJ 014—1997)修订时取消了 BZZ-60 标准,统一采用 BZZ-100 标准;即无论是高速公路、一级及二级公路还是其他等级公路,均应按照 BZZ-100 标准车进行设计,因此,新修订的《公路路基路面现场测试规程》应该与设计规范一致,取消了 BZZ-60 标准车,统一采用 BZZ-100 标准车。

测定车的充气压力、轴重、轮胎接地面积与标准车的要求相差不宜超过本方法规定的值。回弹弯沉测定的正确与否,与弯沉仪的支架距离有明显关系,前臂长 2.4m,对半刚性基层沥青路面或水泥混凝土路面来说,很难避免由于荷载车造成的支架下降变形的影响。为检验有无支架变形影响或进行修正起见,测定时可在支架处再用一台弯沉仪测定,将两台弯沉仪的测定弯沉相加即得测点弯沉。为了与相关规范一致,要求对柔性基层或混合式结构沥青路面宜采用长度为3.6m的贝克曼梁弯沉仪测定。当采用长度为3.6m的弯沉仪进行弯沉测定时,支点如果有变形,要进行支点变形修正。

沥青路面回弹弯沉的温度修正,各国都有不少研究。由于我国在这方面的研究工作甚少,缺乏足够的数据,仍然采用了美国AASHTO路面设计指南的方法。在AASHTO路面设计指南1972、1981、1987及1993年版中均有所规定。1972及1981年版只对粒料基层及软基层的沥青路面作了规定,未考虑厚度的影响;1987年版则规定了各种基层,温度影响在路面温度换算中考虑。不过,美国及加拿大原来对路表温度的测定相当繁琐。美国沥青协会规范MS-17规定在路面上先打一个深3mm、直径3mm的小洞,洞中浇注沥青,插入热电偶,外部留5mm。这样记录路表温度一次要耗费1h,而且必须现场实测,这是很难实现的。后来提出了路表温度真正采用表面的温度(不再打洞),由前5d的平均气温计算得到,并被订入了AASHTO设计指南1987年版,但1987年版的方法在基层影响上考虑过于繁复,故1993年版的方法稍有改变,分开两种基层类型,每种基层考虑路面不同厚度,相对来讲就比较合理。此方法在实施中也不会有困难,可以从气象台得到前5d最高最低气温(或从国家发布的天气预报得到),加上随时测定的路表温度,计算路面平均温度,再根据路面厚度直接从图上查得温度修正系数。因此本规程完全采用AASHTO设计指南1993年版的方法。

另外,温度修正也可参考现行《公路沥青路面设计规范》(JTG D50)的公式执行。

根据检测数据,按照《公路工程质量检验评定标准(土建工程)》(JTG F80/1—2004)的规定计算评定路段的代表弯沉值,公式如下:

$$l_r = \bar{l} + Z_\alpha S \qquad \text{(T 0951-5)}$$

式中:l_r——一个评定路段的代表弯沉(0.01mm);

$\bar{l}$——一个评定路段内经各项修正后的各测点弯沉的平均值(0.01mm);

S——一个评定路段内经各项修正后的全部测点弯沉的标准差(0.01mm);

Z_α——与保证率有关的系数,参考相关技术标准、规范选用。

T 0952—2008　自动弯沉仪测定路面弯沉试验方法

1　目的与适用范围

1.1　本方法适用于各类Lacroix型自动弯沉仪在新建、改建路面工程的质量验收中,在无严重坑槽、车辙等病害的正常通车条件下连续采集沥青路面弯沉数据。

1.2　本方法的数据采集、传输、记录和处理分别由专用软件自动控制进行。

2　仪具与材料技术要求

2.1　Lacroix型自动弯沉仪:由承载车、测量机架及控制系统、位移、温度和距离传感器、数据采集与处理系统等基本部分组成,如图T 0952所示。

2.2　设备承载车技术要求和参数:

自动弯沉仪的承载车辆应为单后轴、单侧双轮组的载重车,其标准条件参考贝克曼梁测定路基路面回弹弯沉试验方法(T 0951—2008)中BZZ-100车型的标准参数。

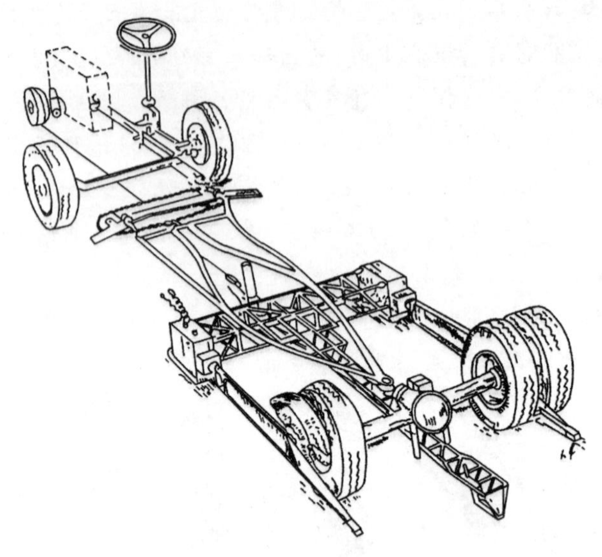

图 T 0952 自动弯沉仪的测量机构

2.3 测试系统基本技术要求和参数:

(1)位移传感器分辨率:0.01mm。

(2)位移传感器有效量程:≥3mm。

(3)设备工作环境温度:0~60℃。

(4)距离标定误差:≤1%。

3 方法与步骤

3.1 准备工作

(1)位移传感器标定。每次测试之前必须按照设备使用手册规定的方法进行位移传感器的标定,记录标定数据并存档。

(2)检查承载车轮胎气压。每次测试之前都必须检查后轴轮胎气压,应满足0.70MPa±0.05MPa的要求。

(3)检查承载车轮载。一般每年检查一次,如果承载车因改装等原因改变了后轴载,也必须进行此项工作,后轴载应满足100kN±1kN的要求。

(4)检查测量架的易损部件情况,及时更换损坏部件。

(5)打开设备电源进行检查,控制面板功能键、指示灯、显示器等应正常。

(6)开动承载车试测2~3个步距,观察测试机构,测试机构应正常,否则需要调整。

3.2 测试步骤

(1)测试系统在开始测试前需要通电预热,时间不少于设备操作手册要求,并开启工程警灯和导向标等警告标志。

(2)在测试路段前20m处将测量架放落在路面上,并检查各机构的部件情况。

(3)操作人员按照设备使用手册的规定和测试路段的现场技术要求设置完毕所需的测试状态。

(4)驾驶员缓慢加速承载车到正常测试速度,沿正常行车轨迹驶入测试路段。

(5)操作人员将测试路段起终点、桥涵等特殊位置的桩号输入到记录数据中。

(6)当测试车辆驶出测试路段后,操作人员停止数据采集和记录,并恢复仪器各部分至初始状态,驾驶员缓慢停止承载车,提起测量架。

(7)操作人员检查数据文件,文件应完整,内容应正常,否则需要重新测试。

(8)关闭测试系统电源,结束测试。

4 计算

(1)采用自动弯沉仪采集路面弯沉盆峰值数据。

(2)数据组中左臂测值、右臂测值按单独弯沉处理。

(3)对原始弯沉测试数据进行温度、坡度、相关性等修正。

5 弯沉值的横坡修正

当路面横坡不超过4%时,不进行超高影响修正;当横坡超过4%时,超高影响的修正参照表T 0952的规定进行。

表T 0952 弯沉值横坡修正

横坡范围	高位修正系数	低位修正系数
>4%	$\frac{1}{1-i}$	$\frac{1}{1+i}$

注:i是路面横坡(%)。

6 自动弯沉仪与贝克曼梁弯沉测值对比试验

6.1 试验条件

(1)按弯沉值不同水平范围选择不少于4段路面结构相似的路段。路段长度可为300~500m,标记好起终点位置。

(2)对比试验路段的路面应清洁干燥,温度应在10~35℃范围内,并且选择温度变化不大的时间,宜选择晴天无风的天气条件,试验路段附近没有重型交通和震动。

6.2 试验步骤

(1)按照第3.2条的步骤,令自动弯沉仪按照正常测试车速测试选定路段,工作人员仔细用油漆每隔三个测试步距或约20m标记测点位置。

(2)自动弯沉仪测试完毕后,等待30min;然后,在每一个标记位置用贝克曼梁按照贝克曼梁测定路基路面回弹弯沉试验方法测定各点回弹弯沉值。

6.3 试验数据处理

从自动弯沉仪的记录数据中按照路面标记点的相应桩号提出各试验点测值,并与贝克曼梁测值一一对应,用数理统计的回归分析方法得到贝克曼梁测值和自动弯沉仪测值之间的相关关系方程,相关系数 R 不得小于 0.95。

7 报告

测试报告中应该包括以下内容:

(1)弯沉平均值、标准差、代表值、测试时的路面温度及温度修正值。

(2)自动弯沉仪测值与贝克曼梁测值的相关关系式及相关系数。

条文说明

贝克曼梁测值属于静态弯沉,该方法存在工作效率低、测试精度不易保证的缺点。我国从 20 世纪 80 年代末期开始陆续引进了英、法等国生产的 Lacroix 型自动弯沉仪,国内科研人员也研制出了国产自动弯沉仪。这种类型的自动弯沉仪利用了贝克曼梁的测试原理,可以连续检测,工作效率得到很大提高,近年来在我国得到较广泛的应用,特别是在高速公路验收、养护检测中发挥了很大作用。原规程中列入的自动弯沉仪就是 Lacroix 型自动弯沉仪,但限于当时的编写条件,其所规定的内容已不适用于当前的设备,故本次参考美国 ASTM 标准和英国有关资料重新制定 Lacroix 型自动弯沉仪的测试规程。

英国及国内的试验资料表明,测试速度会影响弯沉的测试结果。试验结果显示,当弯沉水平小于 40 时,这种影响较小,可不予考虑;但当弯沉水平超过 40 时,测试结果的差别较大。为减小速度对测试结果的影响,自动弯沉仪测试时速度一般控制在 3.5km/h ± 0.5km/h 的范围内。当实际采用的现场测试速度超出此范围时,应进行设备的相关性试验对测试结果进行修正。

一般公路横坡不会影响自动弯沉仪测值的有效性,但是在有较大超高路段,这种影响就不可忽略了。当横坡小于 4% 时,修正值非常小,可以不予修正;当超高大于 4% 时,按照给定公式进行修正。所给出的计算方法是根据物理模型计算并参照英国道路和运输研究所(TRRL)试验结论给出的。

贝克曼梁测值与自动弯沉仪测值都属于静态弯沉。但贝克曼梁测值是回弹弯沉,而自动弯沉仪测值是总弯沉,两者是有区别的,必须找到两者的相关关系式以进行换算。

由于路面结构和路基条件的不同都会影响相关关系式的建立,因此选择对比试验的路段时,路面路基条件应基本相同。对于一个地区而言,可以选择几种不同的路面结构及路基条件,分别建立相关关系式进行换算。为了使关系式更具有代表性,对比试验路段的弯沉分布应尽量加宽。在做对比试验时,路段附近应没有重型交通和震动,这两种情况都对测值有较大影响。

在做贝克曼梁测试时,承载车不可长时间作用在测点的路面上。因此,选择每隔三个测试步距确定一个对比点。为了给路面一个充分的恢复时间,当自动弯沉仪测完后,等待 30min 后再进行贝克曼梁弯沉测试。

T 0953—2008 落锤式弯沉仪测定弯沉试验方法

1 目的与适用范围

本方法适用于测定在落锤式弯沉仪(FWD)标准质量的重锤落下一定高度发生的冲击

荷载作用下，路基或路面表面所产生的瞬时变形，即测定在动态荷载作用下产生的动态弯沉及弯沉盆。并可由此反算路基路面各层材料的动态弹性模量，作为设计参数使用。所测结果经转换至回弹弯沉值后可用于评定道路承载能力，也可用于调查水泥混凝土路面接缝的传力效果，探查路面板下的空洞等。

2 仪具与材料技术要求

本方法需要下列仪具与材料：

落锤式弯沉仪：简称 FWD，由荷载发生装置、弯沉检测装置、运算控制系统与车辆牵引系统等组成。

(1)荷载发生装置：重锤的质量及落高根据使用目的与道路等级选择，荷载由传感器测定。如无特殊需要，重锤的质量为 200kg ± 10kg，可采用产生 50kN ± 2.5kN 的冲击荷载。承载板宜为十字对称分开成 4 部分且底部固定有橡胶片的承载板。承载板的直径一般为 300mm。

(2)弯沉检测装置：由一组高精度位移传感器组成，如图 T 0953 所示。传感器可为差动变压器式位移计(LVDT)或地震检波器。自承载板中心开始，沿道路纵向隔开一定距离布设一组传感器，传感器总数不少于 7 个，建议布置在 0 ~ 250cm 范围以内，必须包括 0、30、60、90 四点，其他根据需要及设备性能决定。

(3)运算及控制装置：能在冲击荷载作用的瞬间内，记录冲击荷载及各个传感器所在位置测点的动态变形。

(4)牵引装置：牵引 FWD 并安装运算及控制装置的车辆。

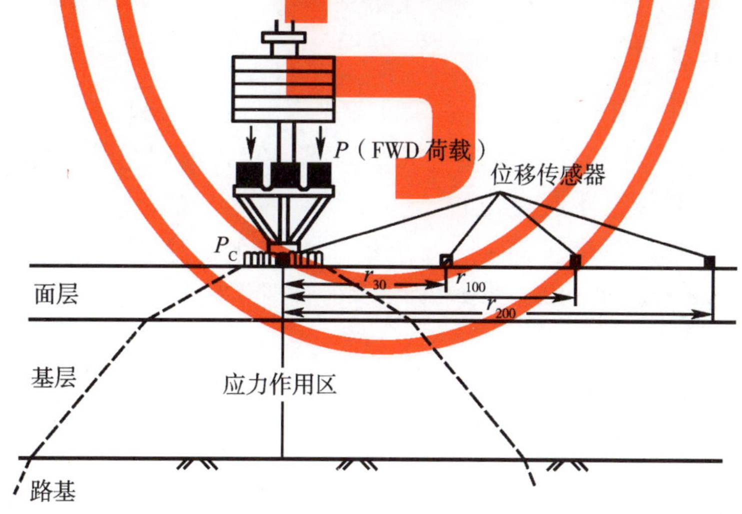

图 T 0953　落锤式弯沉仪传感器布置及应力作用状态示例

3 方法与步骤

3.1 准备工作

(1)调整重锤的质量及落高，使重锤的质量及产生的冲击荷载符合第 2 条的要求。

(2)在测试路段的路基或路面各层表面布置测点，其位置或距离随测试需要而定。当在路面表面测定时,测点宜布置在行车道的轮迹带上。测试时,还可利用距离传感器定位。

(3)检查 FWD 的车况及使用性能,用手动操作检查,各项指标符合仪器规定要求。

(4)将 FWD 牵引至测定地点,将仪器打开,进入工作状态。牵引 FWD 行驶的速度不宜超过 50km/h。

(5)对位移传感器按仪器使用说明书进行标定,使之达到规定的精度要求。

3.2 测试步骤

(1)承载板中心位置对准测点,承载板自动落下,放下弯沉装置的各个传感器。

(2)启动落锤装置,落锤瞬即自由落下,冲击力作用于承载板上,又立即自动提升至原来位置固定。同时,各个传感器检测结构层表面变形,记录系统将位移信号输入计算机,并得到峰值,即路面弯沉,同时得到弯沉盆。每一测点重复测定应不少于 3 次,除去第一个测定值,取以后几次测定值的平均值作为计算依据。

(3)提起传感器及承载板,牵引车向前移动至下一个测点,重复上述步骤,进行测定。

4 落锤式弯沉仪与贝克曼梁弯沉仪对比试验步骤

4.1 路段选择

选择结构类型完全相同的路段,针对不同地区选择某种路面结构的代表性路段,进行两种测定方法的对比试验,以便将落锤式弯沉仪测定的动弯沉换算成贝克曼梁测定的回弹弯沉值。选择的对比路段长度 300 ~ 500m,弯沉值应有一定的变化幅度。

4.2 对比试验步骤

(1)采用与实际使用相同且符合要求的落锤式弯沉仪及贝克曼梁弯沉仪测定车。落锤式弯沉仪的冲击荷载应与贝克曼梁弯沉仪测定车的后轴双轮荷载相同。

(2)用油漆标记对比路段起点位置。

(3)按第 3.1 条布置测点位置,按本规程 T 0951 的方法用贝克曼梁定点测定回弹弯沉。测定车开走后,用粉笔以测点为圆心,在周围画一个半径为 15cm 的圆,标明测点位置。

(4)将落锤式弯沉仪的承载板对准圆圈,位置偏差不超过 30mm,按第 3 条进行测定。两种仪器对同一点弯沉测试的时间间隔不应超过 10min。

(5)逐点对应计算两者的相关关系。

通过对比试验得出回归方程式 $L_B = a + bL_{FWD}$,式中 L_{FWD}、L_B 分别为落锤式弯沉仪、贝克曼梁测定的弯沉值。回归方程式的相关系数 R 应不小于 0.95。

注:由于路面结构和材料、路基状况、温度、水文条件、路面使用状况不同,对比关系也有所不同,为了提高数据的准确性,应分各种情况做此项对比试验。

5 水泥混凝土路面板调查的方法与步骤

5.1 在测试路段的水泥混凝土路面板表面布置测点。当为调查水泥混凝土路面接缝的传力效果时，测点布置在接缝的一侧，位移传感器分开在接缝两边布置。当为探查路面板下的空洞时，测点布置位置随测试需要而定，应在不同位置测定。

5.2 按第3条进行测定。

6 计算

6.1 按桩号记录各测点的弯沉及弯沉盆数据，按本规程附录B的方法计算一个评定路段的平均值、标准差、变异系数。

6.2 当为调查水泥混凝土路面接缝的传力效果时，利用分开在接缝两边布置的位移传感器的测定值的差异及弯沉盆的形状，进行判断。

6.3 当为探查路面板下的空洞时，利用在不同位置测定的测定值的差异及弯沉盆的形状，进行判断。

7 报告

7.1 报告应包括下列内容：

(1)各测点的最大弯沉及弯沉盆测定数据。

(2)每一个评定路段全部测点弯沉的平均值、标准差、变异系数及代表弯沉。

7.2 如与贝克曼梁弯沉仪进行了对比试验，尚应报告相关关系式、相关系数、换算的回弹弯沉。

条文说明

路面承载力是路面的主要指标之一。近年来，采用落锤式弯沉仪(FWD)测定路面的动态弯沉，并反算路面的回弹模量，已成为世界各国道路界的热门课题。美国战略公路研究计划(SHRP)也把FWD作为2 000条试验路的强度评定手段，并以FWD测定反算的回弹模量作为基准，研究开发材料回弹模量的室内试验方法。我国已引进并投入使用大量FWD，并开发出国产的FWD设备。

路面弯沉的测定方法很多。T 0951贝克曼梁方法及T 0952自动弯沉仪方法均属于静态弯沉，因为汽车行进速度很慢。为了模拟汽车快速行驶的实际情况，不少国家开发了动态弯沉的测试设备，例如FWD和振动弯沉仪(Dynaflect)。FWD是利用重锤自由落下的瞬间产生的冲击荷载测定弯沉，荷载最大值可由下式计算：

$$F_{\max} = \sqrt{2mghR} \qquad \text{(T 0953)}$$

式中：m——重锤质量；

R——缓冲弹簧常数；

h——落高；

g——重力加速度。

据测算,落锤作用于路面的时间仅5~30ms。所以本设备对位移传感器的测定精度要求很高。

关于落锤式弯沉仪的落锤质量,与设计荷载有关,应根据使用目的选择。现在有50kN、100kN、150kN等不同的荷载。一般用于公路的为50kN,承载板直径ϕ300mm;用于飞机场的需要100kN或150kN,承载板直径ϕ450mm。由于检测层强度不同,实际的荷载将有所不同,大体在±(1~2)kN范围内变化。

承载板有两种,一种是整块圆橡胶板,一种是对称分开成十字的钢板与橡胶板组成的复合板。由于后者与地面更能紧密接触,测定数据更好,故规程规定采用后者。

FWD测定时,第一锤测定结果往往不稳定,故必须打第二锤及第三锤,舍去第一锤结果。

落锤式弯沉仪与贝克曼梁测定的弯沉值之间有没有相关关系,能不能互相换算,是不少学者研究的重点。我国的试验研究表明,在同一条路上,或者同一地区,路面结构、材料、土基等条件相同时,二者有良好的相关关系。如果条件相差较大时,相关关系也就不好,不同地区的数据放在一起也降低相关性。因此,各地在求取相关关系时应该区别不同地区及不同结构、材料及土基条件来求取,不宜套用外地的或不同条件下的相关关系式。

利用计算机按弹性层状体系理论的计算模式和程序,由各传感器的表面弯沉测定值反算路面各层材料的弹性模量,现在有很多方法。利用BISAR、DAMA、CHEVRON、ELSYM 5、CHEV 5L等等都可以反算。例如美国用于沥青路面的BOUSDEF程序、用于水泥混凝土路面的ILLI-BACK、挪威的VORMSUND都是早期知名程序,美国战略公路研究计划(SHRP)又开发了新的程序。我国各单位对此进行了相关研究,对各程序可参考使用。反算用的材料泊松比可按本规程T 0944的规定采用。反算模量是FWD测定的主要目的之一,但另外还有许多用途,如预测路面的残余寿命(疲劳使用寿命)等。在对水泥混凝土路面进行测定时,还可以用来作如下检查:

(1)利用跨缝测定弯沉盆形状的连续性,检查接缝的荷载传递效果。

(2)检查混凝土板与基层接触是否紧密(板下空洞情况)。

(3)检查接缝下有无空洞及填补空洞的效果等。

9　水泥混凝土强度

T 0954—1995　回弹仪测定水泥混凝土强度试验方法

1　目的与适用范围

1.1　本方法适用于在现场对水泥混凝土路面及其他构筑物的普通混凝土抗压强度的快速评定，所试验的水泥混凝土厚度不得小于100mm，温度应不低于10℃。

1.2　回弹法试验可作为试块强度的参考，不得用于代替混凝土的强度评定，不适于作为仲裁试验或工程验收的最终依据。

2　仪具与材料技术要求

本方法需要下列仪具和材料：

(1)混凝土回弹仪：指针直读式的混凝土回弹仪，构造和主要零件名称见图 T 0954，也可采用数字显示式或自记录式的回弹仪。回弹仪应符合下列标准：

①水平弹击时，在弹击锤脱钩的瞬间，回弹仪的标称动能应为2.207J。

②弹击锤与弹击杆碰撞的瞬间，弹击拉簧处于自由状态，此时弹击锤起点应位于刻度尺的零点处。

③在洛氏硬度为 HRC60 ± 2 的钢砧上，回弹仪的率定值应为 80 ± 2。

(2)酚酞酒精溶液：浓度 1%。

(3)手提式砂轮。

(4)钢砧：洛氏硬度 HRC60 ± 2。

(5)其他：卷尺、游标卡尺、凿子、锤、吸耳球等。

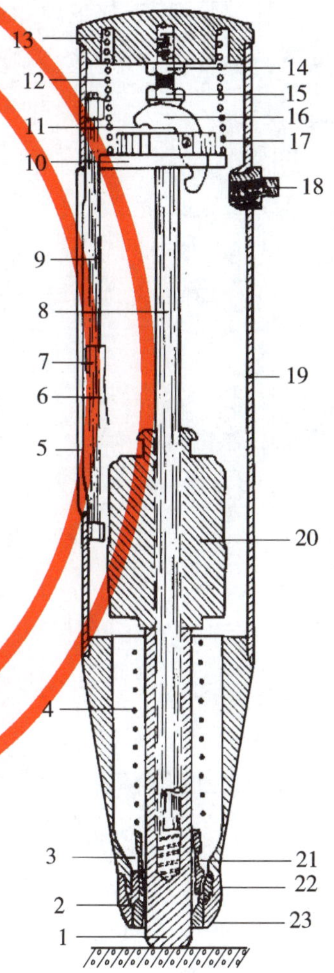

图 T 0954　混凝土回弹仪的结构

1-弹击杆；2-盖帽；3-缓冲压簧；4-弹击拉簧；5-刻度尺；6-指针片；7-指针块；8-中心导杆；9-指针轴；10-导向法兰；11-挂钩压簧；12-压簧；13-尾盖；14-紧固螺母；15-调零螺丝；16-挂钩；17-挂钩销子；18-按钮；19-外壳；20-弹击重锤；21-拉簧座；22-卡环；23-密封毡圈

3　回弹仪检定与保养

3.1　回弹仪有下列情况之一时，应送检定单位校验。检验合格的回弹仪应具有检定合格证,其有效期为半年。

(1)累计弹击次数超过 6 000 次;

(2)弹击拉簧座、弹击杆、缓冲压簧、中心导杆、导向法兰、弹击锤、指针轴、指针片、指针块、挂钩及调零螺丝等主要零件之一经更换后;

(3)弹击拉簧前端不在拉簧座原孔位或调零螺丝松动;

(4)遭受严重撞击或其他损害。

3.2 回弹仪有下列情况之一时,应在钢砧上进行率定试验:

(1)进行构件测试前后,如连续数天测试,可在每天测试完毕后率定一次;

(2)测定过程中对回弹值有怀疑时。

如率定试验结果不在规定的 80±2 范围内,应对回弹仪进行常规保养后再行率定;如再次率定仍不合格,应送检定单位检验。

3.3 回弹仪率定步骤。

回弹仪率定试验,宜在室温为 20℃±5℃的条件下进行。率定时,钢砧应稳固地平放在刚度大的混凝土地坪上,回弹仪向下弹击时,弹击杆应分 4 次旋转,每次旋转约 90°,弹击 3~5 次,取其中最后连续 3 次且读数稳定的回弹值进行平均作为率定值。

4 测试步骤

4.1 测区和测点布置

(1)当为水泥混凝土路面时,将一块混凝土板作为一个试样,试样的选择按附录 A 的方法进行。每个试样的测区数不宜少于 10 个,相邻两测区的间距不宜大于 2m;测区宜在试样的可测表面上均匀分布,并宜避开板边板角。

(2)对其他混凝土构造物,测区应避开位于混凝土内保护层附近设置的钢筋,测区宜在试样的两相对表面上有两个基本对称的测试面,如不能满足这一要求时,一个测区允许只有一个测面。

(3)测区表面应清洁、干燥、平整,不应有接缝、饰面层、粉刷层、浮浆、油垢以及蜂窝、麻面等,必要时可用砂轮清除表面的杂物和不平整处,磨光的表面不应有残留粉尘或碎屑。

(4)一个测区的面积宜不小于 200mm×200mm,每一测区宜测定 16 个测点,相邻两测点的间距宜不小于 3cm,测点距路面边缘或接缝的距离应不小于 5cm。

(5)对龄期超过 3 个月的硬化混凝土,应测定混凝土表层的碳化深度进行回弹值修正,也可用砂轮将碳化层打磨掉以后进行测定,但经打磨的与未经打磨的回弹值不得混在一起计算或与试块强度比较(未打磨)。

4.2 回弹值测定

在测试过程中,回弹仪的轴线应始终垂直于混凝土表面,具体操作应符合下列规定:

(1)将回弹仪的弹击杆顶住混凝土表面,轻压仪器,使按钮松开,弹击杆徐徐伸出,并使挂钩挂上弹击锤。

(2)手持回弹仪对混凝土表面缓慢均匀施压,待弹击锤脱钩,冲击弹击杆后,弹击锤即带动指针向后移动到达一定位置,指针刻度线在刻度尺上的示值即为该点的回弹值。

(3)使用上述方法在混凝土表面依次读数并记录回弹值,如条件不利于读数,可按下按钮,锁住机芯,将回弹仪移至他处读数,准确至1个单位。

(4)使用完毕后应将弹击杆压入仪器内,经弹击后按下按钮锁锁住机芯,待下一次使用。

4.3 碳化深度测定

(1)对龄期超过3个月的混凝土,回弹值测量完毕后,可在每个测区上选择一处测量混凝土的碳化深度值。当相邻测区的混凝土生产工艺条件相同,龄期基本相同时,则该测区测得的碳化深度值也可代表相邻测区的碳化深度值。

(2)测量碳化深度值时,可用合适的工具在测区表面形成直径约为15mm的孔洞(其深度略大于混凝土的碳化深度),然后用吸耳球吹去孔洞中的粉末和碎屑(不得用液体冲洗),并立即用浓度为1%酚酞酒精溶液洒在孔洞内壁的边缘处,当已碳化与未碳化界限清楚时(未碳化部分变成紫红色),用游标卡尺测量已碳化与未碳化交界面至混凝土表面的垂直距离1~2次,该距离即为混凝土的碳化深度值,每次测读精确至0.5mm。

5 计算

5.1 对一个测区的16个测点的回弹值,去掉3个最大值及3个最小值,将其余10个回弹值按式(T 0954-1)计算测区平均回弹值。

$$\overline{N}_s = \frac{\sum N_i}{10} \tag{T 0954-1}$$

式中:$\overline{N}_s$——测区平均回弹值,准确至0.1;

N_i——第 i 个测点的回弹值。

5.2 当回弹仪非水平方向测试混凝土浇筑侧面时,应根据回弹仪轴线与水平方向的角度将测得的数据按公式(T 0954-2)进行修正,计算非水平方向测定的回弹修正值。当测定水泥混凝土路面为向下垂直方向时,测试角度为-90°。回弹值修正值 ΔN 见表 T 0954-1。

$$\overline{N} = \overline{N}_s + \Delta N \tag{T 0954-2}$$

式中:$\overline{N}$——经非水平测定修正的测区平均回弹值;

$\overline{N}_s$——回弹仪实测的测区平均回弹值;

ΔN——非水平测量的回弹值修正值,由表 T 0954-1 或内插法求得,准确至0.1。

5.3 平均碳化深度按式(T 0954-3)计算。

$$\overline{L}=\frac{1}{n}\sum_{i=1}^{n}L_i \qquad (T\ 0954\text{-}3)$$

式中:$\overline{L}$——平均碳化深度(mm);

L_i——第 i 测点碳化深度(mm);

n——测点数。

表 T 0954-1 非水平方向测定的修正回弹值

ΔN \ 与水平方向所成的角度 \ $\overline{N}_s$	+90°	+60°	+45°	+30°	-30°	-45°	-60°	-90°
20	-6.0	-5.0	-4.0	-3.0	+2.5	+3.0	+3.5	+4.0
30	-5.0	-4.0	-3.5	-2.5	+2.0	+2.5	+3.0	+3.5
40	-4.0	-3.5	-3.0	-2.0	+1.5	+2.0	+2.5	+3.0
50	-3.5	-3.0	-2.5	-1.5	+1.0	+1.5	+2.0	+2.5

注:表中未列入的 $\overline{N}_s$,可用内插法求得。

如平均碳化深度值 $\overline{L}$ 小于或等于 0.4mm 时,按无碳化处理(即平均碳化深度为 0);如等于或大于 6.0mm 时,取 6.0mm。对新浇混凝土龄期不超过 3 个月者,可视为无碳化。

5.4 混凝土强度推算。

(1)当需要将回弹值换算为混凝土强度时,宜采用下列方法:

①有试验条件时,宜通过试验建立实际的测强曲线,但测强曲线仅适用于材料质量、成型、养护和龄期等条件基本相同的混凝土。混凝土标准试块尺寸为 15cm × 15cm × 15cm,采用 1.5、1.75、2.0、2.25、2.50 五个灰水比,以便得到不少于 30 对数据。试件与被测对象有相同的养护条件,到达龄期后,将试块用压力机加压至 30 ~ 50kN 稳住,用回弹仪在两侧面分别测定 8 个测点,按式(T 0954-1)计算平均回弹值,然后进行抗压强度试验,用最小二乘法建立二者相关关系的推定式。推定式可为直线式或其他适当的形式,相关系数不得小于 0.90。然后根据测区平均回弹值利用测强曲线推定混凝土抗压强度。

②当无足够的试验数据或相关关系的推定式不够满意时,可按式(T 0954-4)推算混凝土抗压强度。

$$R = 0.025\overline{N}^2 \qquad (T\ 0954\text{-}4)$$

式中:R——水泥混凝土的抗压强度(MPa);

$\overline{N}$——测区混凝土平均回弹值。

(2)在没有条件通过试验建立实际的测强曲线时,每个测区混凝土的抗压强度值 R_i 可按平均回弹值 $\overline{N}$ 及平均碳化深度值 $\overline{L}$ 根据表 T 0954-2 查出。

(3)按本规程附录 B 的方法计算测定对象全部测区的推定混凝土抗压强度的平均值、标准差、变异系数。

表 T 0954-2　测区混凝土抗压强度值换算表

平均回弹值 $\overline{N}$	测区混凝土抗压强度值 R_i(MPa) 平均碳化深度值 $\overline{L}$(mm)												
	0	0.5	1.0	1.5	2.0	2.5	3.0	3.5	4.0	4.5	5.0	5.5	6.0
20	10.3	9.9											
21	11.4	10.0	10.5	10.1									
22	12.5	12.0	11.5	11.0	10.6	10.2	9.8						
23	13.7	13.1	12.6	12.1	11.6	11.1	10.7	10.2	9.8				
24	14.9	14.3	13.7	13.2	12.6	12.1	11.6	11.2	10.7	10.3	9.8		
25	16.2	15.5	14.9	14.3	13.7	13.1	12.6	12.1	11.6	11.1	10.7	10.3	9.9
26	17.5	16.8	16.1	15.4	14.8	14.2	13.7	13.1	12.6	12.1	11.6	11.1	10.7
27	18.9	18.1	17.4	16.7	16.0	15.8	14.7	14.1	13.6	13.0	12.5	12.0	11.5
28	20.3	19.5	18.7	17.9	17.2	16.5	15.8	15.2	14.6	14.0	13.4	12.9	12.4
29	21.8	20.9	20.1	19.2	18.5	17.7	17.0	16.3	15.7	15.0	14.4	13.8	13.3
30	23.3	22.4	21.5	20.6	19.8	19.0	18.2	17.5	16.8	16.1	15.4	14.8	14.2
31	24.9	23.9	22.9	22.0	21.1	20.3	19.4	18.7	17.9	17.2	16.5	15.8	15.2
32	26.5	25.5	24.4	23.5	22.5	21.6	20.7	19.9	19.1	18.3	17.6	16.9	16.2
33	28.2	27.1	26.0	25.0	23.9	23.0	22.0	21.2	20.3	19.5	18.7	17.9	17.2
34	30.0	28.8	27.6	26.5	25.4	24.4	23.4	22.5	21.6	20.7	19.9	19.1	18.3
35	31.8	30.5	29.8	28.1	27.0	25.9	24.9	23.8	22.9	21.9	21.0	20.2	19.4
36	33.6	32.3	31.0	29.7	28.5	27.4	26.3	25.2	24.2	23.2	22.3	21.4	20.5
37	35.5	34.1	32.7	31.4	30.1	28.9	27.8	26.6	25.6	24.5	23.5	22.6	21.7
38	37.5	36.0	34.5	33.1	31.8	30.0	29.3	28.1	27.0	25.9	24.8	23.8	22.9
39	39.5	37.9	36.4	34.9	33.5	32.2	30.9	29.6	28.4	27.8	26.2	25.1	24.1
40	41.6	39.9	38.3	36.7	35.3	33.8	32.5	31.2	29.9	28.7	27.5	26.4	25.4
41	43.7	41.9	40.2	38.6	37.0	35.6	34.1	32.7	31.4	30.1	28.9	27.8	26.6
42	45.9	44.0	42.2	40.5	38.9	37.8	35.8	34.4	33.0	31.6	30.4	29.1	28.0
43	48.1	46.1	44.3	42.5	40.8	39.1	37.5	36.0	34.6	33.2	31.8	30.6	29.3
44		48.3	46.4	44.5	42.7	41.1	39.5	37.9	36.4	34.9	33.3	32.0	30.7
45			48.5	46.6	44.7	42.9	41.1	39.5	37.9	36.4	34.9	33.5	32.1
46				48.7	46.7	44.8	43.0	41.3	39.6	38.0	36.5	35.0	33.6
47					48.8	46.8	44.9	43.1	41.3	39.7	38.1	36.5	35.1
48						48.8	46.8	44.9	43.1	41.4	39.7	38.1	36.6
49							48.8	46.9	45.0	43.1	41.4	39.7	38.1
50								48.8	46.8	44.9	43.1	41.4	39.7
51									48.7	46.8	44.9	43.1	41.8
52										48.6	46.7	44.8	43.0
53											48.5	46.5	44.6
54												48.3	46.4
55													48.1

注：表中未列入的 $\overline{N}$，可用内插法求得。

6 报告

(1)测区混凝土平均回弹值;

(2)测强曲线、回弹值与抗压强度的相关关系式、相关系数;

(3)各测区的抗压强度推定结果;

(4)推定的混凝土抗压强度的平均值、标准差、变异系数。

条文说明

本方法适用于下列情况下在现场对水泥混凝土路面及其他构筑物的普通混凝土抗压强度的快速评定:

(1)不能按同条件制取试块,按国家标准规定的方法检验混凝土强度时或希望迅速估计混凝土强度时,推测混凝土质量的均匀性,发现质量低劣的部位或区域。

(2)推测施工期的混凝土强度,如检验是否达到拆模、拆除支撑、路面开放交通等,为施工进度安排提供依据。

(3)根据混凝土成型试件或钻芯试件的强度与回弹值的相关性推定混凝土的强度,此时宜换算成相当于边长为15cm立方体的同条件试块强度。

本方法按照建设部部标准《回弹法检测混凝土抗压强度技术规程》(JGJ/T 23—2001),结合公路水泥混凝土路面的实际情况编写。编写时对原规程的内容作了适当的精简。

建立测强曲线应具有较高的技术条件,通常必须由县级以上单位的试验室方能进行,并应得到上级主管部门的许可。

T 0955—1995 超声回弹法测定路面水泥混凝土抗弯强度试验方法

1 目的与适用范围

1.1 水泥混凝土路面的混凝土抗弯强度是标准条件下的梁式试件龄期28d时的抗弯强度。本方法适用于采用回弹仪、低频超声仪在现场对水泥混凝土路面按综合法进行快速检测,并利用测强曲线方程推算混凝土的抗弯强度。

1.2 本方法适用于视密度为1.9~2.5t/m^3,板厚大于100mm,龄期大于14d,强度已达到设计抗压强度80%以上的水泥混凝土。

1.3 本方法不适用于下列情况的水泥混凝土:

(1)隐蔽或外露局部缺陷区;

(2)裂缝或微裂区(包括路面伸缩缝和工作缝);

(3)路面角隅钢筋和边缘钢筋处,特别是超声波与钢筋方向相同时;

(4)距路面边缘小于10cm的部位。

1.4 现场用超声回弹法测定不能代替试验室标准条件下的抗弯强度测定,本试验不适用于作为仲裁试验或工程验收的最终依据。

2 仪具与材料技术要求

本方法需要下列仪具与材料:

(1)超声波检测仪:有良好的稳定性,仪器具有示波屏显示及手动游标测读功能。显示应清晰稳定,其声时范围应为 0.5 ~ 9 999μs,测试精度为 0.1μs;声时显示调节在 20 ~ 30μs 范围内时,2h 内声时显示的漂移不得大于 ± 0.2μs。超声波在空气中传播的计算声速与实测声速值相比,误差不大于 ± 0.5%。

(2)换能器:为厚度振动形式压电材料,其频率在 50 ~ 100kHz 范围内,实测频率与标称频率相差不大于 ± 10%。

(3)耦合剂:采用易于变形,有较大的声阻,有较好黏性且不流淌的材料,通常采用黄蜡油,也可使用凡士林、蜡泥型料等。

(4)回弹仪:回弹仪的构造和主要零件名称如图 T 0954。仪器应符合下列规定:

①水平弹击时,在弹击锤脱钩的瞬间,回弹仪的标称动能应为 2.207J。

②弹击锤与弹击杆碰撞的瞬间,弹击拉簧处于自由状态,此时弹击锤起点应位于刻度尺的零点处。

③在洛氏硬度为 HRC60 ± 2 的钢砧上,回弹仪的率定值应为 80 ± 2。

(5)手持砂轮。

(6)其他:油污清洗剂、毛刷、抹布等。

3 方法与步骤

3.1 回弹仪率定试验

在每次测定前,均应在钢砧上进行率定。率定时,钢砧应稳固地平放在刚度大的混凝土地坪上。回弹仪向下弹击时,弹击杆分 4 次旋转,每次旋转约 90°,弹击 3 ~ 5 次,取其中最后连续 3 次且读数稳定的回弹值进行平均作为率定值。如率定结果不在规定的 80 ± 2 范围内,应对回弹仪有关零件用清洗剂清洗保养后再进行标定;如仍不合格,则应送检定单位检验后使用。

3.2 测区和测点布置

(1)按附录 A 的方法选择测定的水泥混凝土板,将每一块水泥混凝土路面板作为一个试样,均匀布置 10 个测区,每个测区不宜小于 150mm × 550mm(图 T 0955-1),测试面应清洁、干燥、平整,不得有蜂窝、麻面,对浮浆和油垢以及粗糙处应清洗或用砂轮片磨平,并擦净残留粉尘。

(2)每个测区的测点宜在测区范围内均匀分布,但不得布置在气孔或外露石子上,相邻两测点的距离不宜小于 30mm。

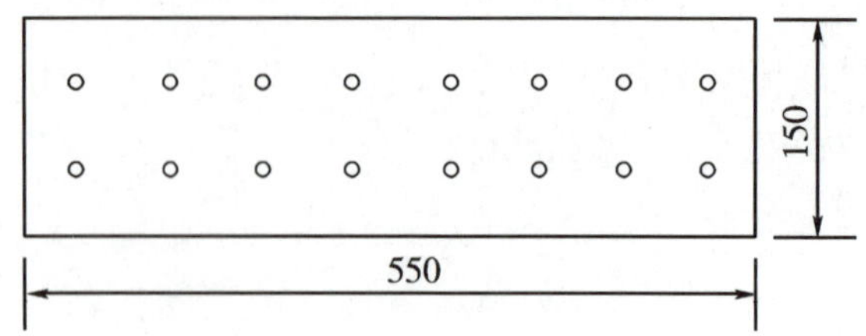

图 T 0955-1　回弹值测点分布图(单位:mm)

3.3　回弹值测定

按本规程 T 0954 的方法用回弹仪对每个测区的 16 个测点进行回弹值测定。

3.4　超声声时值测量

(1)在进行回弹值测试的同一测区内布置三条测轴线(图 T 0955-2),作为换能器布置区。

(2)在换能器放置处抹上耦合剂。

注:测量超声声时时,耦合剂应与建立测强曲线时所用的耦合剂相同。

(3)将换能器分别放置在轴线Ⅰ的 1 点及 2 点处,换能器与路面混凝土应充分接触,耦合良好,发射和接收两换能器直径与测轴线重合,边缘与测距线相切。超声波仪振幅应调到规定振幅(2.5~3.0cm)。测读声时为 t_{11},准确至 0.1μs。

(4)放置在 1 点处的换能器不动,将放置在 2 点处的换能器移置 3 点处,再测读声时为 t_{12},准确至 0.1μs。

(5)按上述方法测量测轴线 Ⅱ、Ⅲ,分别得声时为 t_{21}、t_{22}、t_{31}、t_{32}。

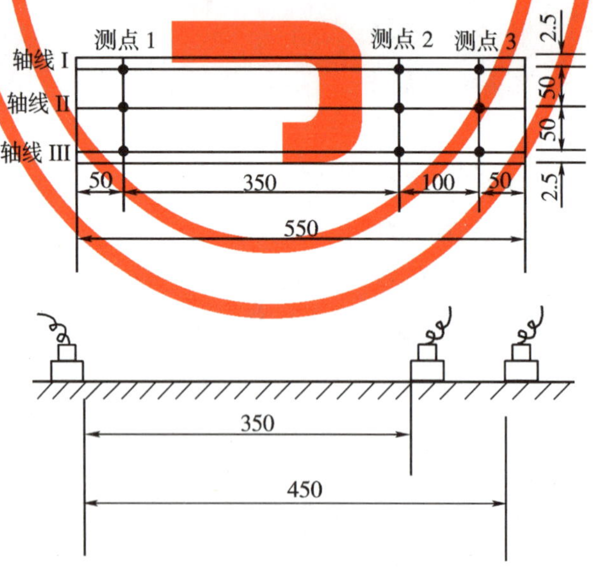

图 T 0955-2　换能器布置图(单位:mm)

3.5　碳化深度测定

对龄期超过 3 个月的水泥混凝土路面,在测区内或与测区内混凝土各种条件相同的测区附近路面上按本规程 T 0954 的方法进行混凝土表面碳化深度的测定。

4 计算

4.1 按式(T 0955-1)~式(T 0955-4)计算测区的超声波声速,准确至 0.01km/s。

$$v_{i1}=\frac{350}{t_{i1}} \tag{T 0955-1}$$

$$v_{i2}=\frac{450}{t_{i2}} \tag{T 0955-2}$$

$$v_{i}=\frac{1}{2}(v_{i1}+v_{i2}) \tag{T 0955-3}$$

$$v=\frac{v_1+v_2+v_3}{3} \tag{T 0955-4}$$

式中:v_{i1}——第 i 条测轴线 1 点与 2 点 350mm 测距声速(km/s),$i=1\sim3$;

v_{i2}——第 i 条测轴线 1 点与 3 点 450mm 测距声速(km/s),$i=1\sim3$;

v_i——第 i 条测轴线平均声速(km/s),$i=1\sim3$;

v——测区平均声速(km/s);

t_{i1}——第 i 条测轴线 350mm 测距声时(μs);

t_{i2}——第 i 条测轴线 450mm 测距声时(μs)。

注:当三条测轴线平均声速 v_i 中有两条测轴线平均声速与测区的平均声速 v 之差都超过测区平均声速的 15%时,该测区检测结果无效。

4.2 碳化深度按本规程 T 0954 的方法计算。

4.3 回弹值按本规程 T 0954 的方法计算,并按式(T 0955-5)对实测回弹值进行碳化深度修正计算。

$$N'=0.8795N-1.4443L+4.48 \tag{T 0955-5}$$

式中:N'——修正后的测区回弹值,当 $L=0$ 时,$N'=N$;

N——实测的测区平均回弹值;

L——碳化深度(mm)。

4.4 混凝土抗弯强度推算

(1)测强曲线方程的确定

建立专用测强曲线方程。取用与路面混凝土相同的原材料,设计几种不同水灰比的混凝土配合比(一般设计 4 种配合比,其中包括路面施工时的配合比),对每种配合比成型 150mm×150mm×550mm 的梁式试件(不少于 6 个),在标准条件下养护 28d 后,按上述方法进行超声及回弹检测,并按水泥混凝土试验规程进行抗弯强度试验,再用二元非线性方程按式(T 0955-6)回归,确定回归系数,得出测强曲线方程,相对标准误差 e_r 应不大于 12%。

$$R_f = av^b e_r^c N \tag{T 0955-6}$$

式中：R_f——混凝土抗弯强度(MPa)；

v——超声声速(km/s)；

N——修正后的回弹值；

a、b、c——回归系数；

e_r——相对标准误差(%)，按式(T 0955-7)计算：

$$e_r = \sqrt{\frac{\sum(R'_{fi}/R_{fi} - 1)^2}{n-1}} \times 100 \tag{T 0955-7}$$

R'_{fi}——第 i 块试件实测抗弯强度(MPa)；

R_{fi}——第 i 块试件由超声、回弹推算的抗弯强度(MPa)；

n——试件数(按单块计)。

(2)混凝土路面抗弯强度推定

①每一段(或子段)中每一幅为一个单位作为抗弯强度评定对象。

②评定抗弯强度第一条件和第二条件值按式(T 0955-8)、式(T 0955-9)计算。

$$R_{n1} = 1.18(\overline{R}_n - m \cdot S_n) \tag{T 0955-8}$$

$$R_{n2} = 1.18(R_{fi})_{min} \tag{T 0955-9}$$

式中：R_{n1}——抗弯强度第一条件值(MPa)，准确至0.1MPa；

R_{n2}——抗弯强度第二条件值(MPa)，准确至0.1MPa；

S_n——抗弯强度标准差(MPa)，按式(T 0955-10)计算，准确至0.1MPa；

$$S_n = \sqrt{\frac{\sum(R_{fi})^2 - n(\overline{R}_n)^2}{n-1}} \tag{T 0955-10}$$

$\overline{R}_n$——抗弯强度平均值(MPa)，按式(T 0955-11)计算，准确至0.1MPa；

$$\overline{R}_n = \frac{1}{2}\sum R_{fi} \tag{T 0955-11}$$

R_{fi}——第 i 测区推算的抗弯强度(MPa)；

$(R_{fi})_{min}$——所有推算的抗弯强度中的最小值(MPa)；

n——测区数；

m——合格判定系数值，当 $n = 10 \sim 14$ 时，$m = 1.70$；$n = 15 \sim 24$ 时，$m = 1.65$；$n \geq 25$ 时，$m = 1.60$。

(3)按式(T 0955-12)以第一条件值及第二条件值中的小者作为混凝土抗弯强度评定值 R_N。

$$R_N = \min\{R_{n1}, R_{n2}\} \tag{T 0955-12}$$

5 报告

5.1 水泥混凝土路面抗弯强度检测结果可采用表 T 0955-1 的格式。

5.2 水泥混凝土路面抗弯强度评定结果报告可采用表 T 0955-2 的格式。

表 T 0955-1 水泥混凝土路面抗弯强度检测记录表

施工单位:________ 施工日期:________ 工程名称:________

检测单位:________ 检测日期:________ 第________页 共________页

项目 桩号	回弹值 N_i	实测 回弹值	碳化 深度 (mm)	平均碳 化深度 (mm)	修正后回 弹值 N	测距 声时	v_{i1} (km/s)	v_{i2} (km/s)	v_i (km/s)	v (km/s)	推算抗弯 强度 R_f (MPa)

检测者: 记录者: 计算者: 复核者:

表 T 0955-2 水泥混凝土路面抗弯强度评定结果报告表

施工单位:________ 施工日期:________ 工程名称:________

检测单位:________ 检测日期:________ 第________页 共________页

序号	起讫 桩号	设计抗 弯强度 (MPa)	测区 数量	平均抗 弯强度 (MPa)	标准差	合格判 定系数	第一抗弯强 度条件值 (MPa)	第二抗弯强 度条件值 (MPa)	抗弯强度 评定值 (MPa)

检测者: 记录者: 计算者: 复核者:

条文说明

在现场无破损评定水泥混凝土路面的方法在我国有了较多研究,一些地区已开始在实践中应用。为了推动此项技术,本规程录入了超声回弹综合法评定的方法。本方法是在湖北省公路局科研所提出的方法基础上修订而成的。

当按规程规定方法建立专用测强曲线方程有困难时,可选用式(T 0955-13)或式(T 0955-14)进行修正,用于修正的试件不得少于 10 组(每组 3 个试件)。经验证,若 $e_r \leqslant 14\%$ 时,即测得专用测强曲线方程。

水泥品种为矿渣水泥时

$$R_f = kv^{0.2348}e_r^{0.02646}N \quad (T\ 0955\text{-}13)$$

水泥品种为普通水泥时

$$R_f = kv^{0.3541}e_r^{0.02334}N \quad (T\ 0955\text{-}14)$$

式中：k——修正的回归系数，按式(T 0955-15)、式(T 0955-16)确定；

当水泥品种为矿渣水泥时

$$k = \frac{\sum R'_{fi} v_i^{0.4048} e_r^{0.02646} N_i}{\sum v_i^{0.4096} e_r^{0.05292} N_i} \quad (T\ 0955\text{-}15)$$

当水泥品种为普通水泥时

$$k = \frac{\sum R'_{fi} v_i^{0.3541} e_r^{0.02334} N_i}{\sum v_i^{0.7082} e_r^{0.04668} N_i} \quad (T\ 0955\text{-}16)$$

R'_{fi}——第 i 块试件实测抗弯强度(MPa)；

v_i——第 i 块试件声速(km/s)；

N_i——第 i 块试件修正后的回弹值。

经验证(验证试件不得少于 10 组，每组 3 个试件)，若 $e_r \leq 14\%$，也可直接选用式(T 0955-17)或式(T 0955-18)计算。

水泥品种为矿渣水泥时

$$R_f = 1.39v^{0.2348}e_r^{0.02646}N \quad (T\ 0955\text{-}17)$$

水泥品种为普通水泥时

$$R_f = 1.22v^{0.3541}e_r^{0.02334}N \quad (T\ 0955\text{-}18)$$

T 0956—1995 射钉法快速测定水泥混凝土强度试验方法

1 目的与适用范围

1.1 本方法采用发射枪使射钉射入混凝土，以射钉外露长度代表贯入阻力，通过相关关系快速评定水泥混凝土的硬化强度。可用于快速评定新浇混凝土的硬化强度，以检测现场混凝土的匀质性，了解质量低劣的部位或范围。它不适用于施工质量的评定验收与仲裁。

1.2 本方法适用于抗压强度不大于 50MPa，且厚度不小于 15cm 的水泥混凝土。

2 仪具与材料技术要求

本方法需要下列仪具与材料：

(1)发射枪：经国家有关部门批准许可的专门用于向混凝土发射射钉，并保证射钉能嵌入混凝土中的发射设备。发射能量应能使射钉嵌入混凝土中的深度和外露长度均不小于 10mm，不大于 70mm。

(2)子弹：经国家有关部门批准许可的发射枪专用的配套子弹。

(3)射钉：用淬火的合金钢制成，尖端锋利，顶端平整，应便于测定外露长度和拔出回收。射钉长度均匀一致,长度误差在±0.5%范围内。

(4)游标卡尺:准确至0.05mm。

(5)定位装置:为对准射击点而放在混凝土表面的一种装置。

3 方法与步骤

3.1 准备工作

(1)操作前应首先检查发射枪是否装有保险装置,如未安装保护罩时,不得发射。

(2)根据不同混凝土强度,选用不同型号的射钉与子弹,当射钉全部射入混凝土内时,可选用能量较低的子弹。测试时的子弹型号必须与标定时的型号相同。

(3)发射枪安装射钉和子弹后,应将管口朝下,防止发生意外。射钉和子弹应妥善保管,不得靠近火源或受潮。使用射钉枪的试验人员必须是经专用训练并经许可的人员。

(4)混凝土表面如不平整,射钉枪保护罩不能贴紧表面时,应先将表面处理平整之后进行试验。

(5)布置射钉之间的距离不小于140mm,射钉与混凝土表面的边缘相距不得小于100mm。在试验点放置定位装置。

3.2 标定方法

(1)必须对每一支枪及每一批子弹针对工程实际情况进行标定试验,建立射钉外露长度与混凝土强度的相关关系,相关系数必须经数理统计检验为高度显著,且不得小于0.90。变异系数不宜超过15%。

(2)对于同一工程,标定用的混凝土强度宜采用钻芯强度,也可采用标准尺寸的试件,与现场相同条件养护,湿养护和干养护应分别建立相关关系,采用湿养护时在试验前24h将试件搬到大气中养护。强度范围应包括抗压强度5~50MPa(或抗折强度1.5~7.0MPa),试验组数以10~30为宜。

(3)按第3.3条的步骤分别测定射钉外露长度,并按有关规范规定测定钻芯或试件强度,按式(T 0956)建立现场推定混凝土强度的回归方程式。

$$R = a + bL - S \quad \text{(T 0956)}$$

式中:R——推定的现场混凝土抗压或抗弯强度(MPa);

a、b——回归系数;

L——射钉外露长度(mm);

S——推定式的剩余标准差(MPa)。

3.3 测试步骤

(1)试验应由专人用同一支发射枪及同一批射钉与子弹进行。

(2)从发射枪口装入射钉,用送钉器将射钉推至发射管最深位置。

(3)拉出送弹器,装上子弹,推回原位。用定位装置或在画定位置对准混凝土表面射击点,垂直混凝土表面进行射击,把射钉射入混凝土中。

(4)在外露的射钉上套入一块中间有孔的标准厚度的金属片，套进射钉稳定地放于混凝土表面，以金属片为基准，用游标卡尺测量射钉外露长度，计算时将金属片厚度计入，并作记录。测量外露长度之前应检查射钉嵌入是否牢固，嵌入不牢固的射钉不能作为试验结果，外露长度不宜小于10mm，也不宜大于70mm，否则该试验值应予废弃。

(5)每次测定发射3枚射钉，射钉的间距宜为20cm，取3枚射钉外露长度的平均值作为本次试验结果。

4 强度的推定

由测定的射钉外露长度 L 按式(T 0956)计算硬化混凝土的推定强度。

5 报告

报告应包括以下内容：

(1)所用发射枪和子弹的型号与规格。

(2)射钉型号、规格与尺寸。

(3)测定的混凝土结构和测试部位的说明(必要时绘图说明)。

(4)混凝土材料、配合比、龄期、养护条件等情况。

(5)试验部位混凝土的厚度。

(6)每个射钉的外露长度，每次试验的平均值、极差、标准差和变异系数，包括舍弃射钉的结果。

(7)必要时将试验结果列出射钉外露长度与强度的相关关系、剩余标准差和回归变异系数。

6 精确度与容许差

专人操作者用同一支发射枪对同一种混凝土进行测定时，每组3个测值的最大值与最小值的差(极差)应不超过表T 0956规定。若3个测值的极差超出此规定时，应发射第4个射钉，去掉与4个测值平均值相差最大的数据。若其余3个测值仍不能满足规定的要求，可再发射第5个射钉按上述方法进行处理。如果仍不能满足要求时，应把发射枪移到不同部位重新测试。

表 T 0956　射钉测值的容许差

材　料	3个测值的容许差(mm)
水泥砂浆	6
集料最大粒径 < 16mm 的混凝土	8
集料最大粒径 < 31.5mm 的混凝土	11

条文说明

本方法参照美国ASTM C803—82标准试验方法编写。1988年水电部第三工程局施工研究所与交通部公路科研所合作用国产射钉枪对此方法进行了试验研究,并通过技术鉴定。近年来,山西省公路局等许多单位将其应用于实际工程已取得良好的效果,认为此法技术简单易行,测试快速,费用低廉。1994年中国土木工程学会和中国水利学会组织“混凝土无损检测技术研讨会”,对回弹法、超声回弹法、射钉法进行了水泥混凝土强度现场测试,与钻芯法比较的结果表明,射钉法不仅速度快,而且与芯样强度十分接近,准确性较高。

射钉法快速检验水泥混凝土强度的原理是利用专用的发射枪发出具有一定能量的射钉,测量射钉射入现场混凝土后的外露长度,即硬化水泥混凝土的贯入阻力,以mm表示,通过建立与水泥混凝土强度的相关关系,由此推算水泥混凝土的硬化强度。

被测定的水泥混凝土的抗压强度不宜高于50MPa,同时必须具有足够的贯入阻力。此法用于快速评定现场新浇混凝土的硬化强度时,可用于确定能否拆除模板、支撑,路面能否开放交通等;用于评定现场混凝土的匀质性时,可通过试验检查由于振捣、养护等施工条件和其他因素变化引起的不均匀性,了解质量低劣的部位或范围。

发射枪及子弹、射钉是本方法的关键仪具,它们的生产都必须经国家专门机构批准,其技术指标对公路部门的用户来说,是无法检验的,因此本规程不作具体规定。由于规程要求必须建立相关关系,射钉测值仅是相对指标,因而发射枪及子弹、射钉在美国ASTM C803—82标准试验方法中亦未作规定。本规程规定了射入及外露长度、相关系数、试验的容许差等,使用者可据此对仪具是否合适作出判断。

10 抗滑性能

T 0961—1995 手工铺砂法测定路面构造深度试验方法

1 目的与适用范围

本方法适用于测定沥青路面及水泥混凝土路面表面构造深度,用以评定路面表面的宏观构造。

2 仪具与材料技术要求

本方法需要下列仪具与材料:

(1)人工铺砂仪:由圆筒、推平板组成。

①量砂筒:形状尺寸如图 T 0961-1。一端是封闭的,容积为 25mL±0.15mL,可通过称量砂筒中水的质量以确定其容积 V,并调整其高度,使其容积符合规定。带一专门的刮尺,可将筒口量砂刮平。

②推平板:形状尺寸如图 T 0961-2。推平板应为木制或铝制,直径 50mm,底面粘一层厚 1.5mm 的橡胶片,上面有一圆柱把手。

③刮平尺:可用 30cm 钢板尺代替。

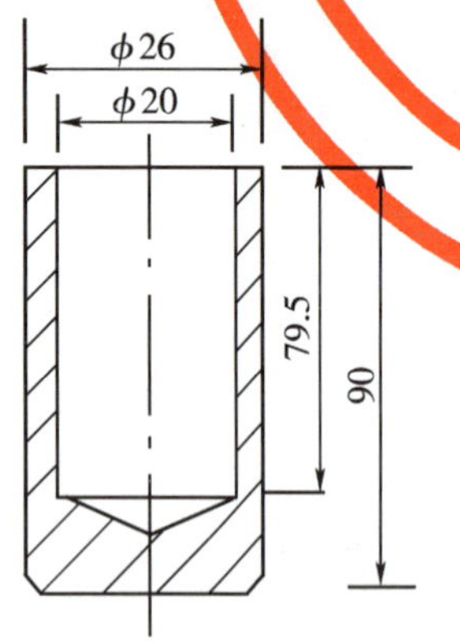

图 T 0961-1 量砂筒(单位:mm)

30
80
6
1.5
φ50
粘贴橡胶片

图 T 0961-2 推平板(单位:mm)

(2)量砂:足够数量的干燥洁净的匀质砂,粒径 0.15~0.3mm。

(3)量尺:钢板尺、钢卷尺,或采用已按式(T 0961)将直径换算成构造深度作为刻度单位的专用的构造深度尺。

(4)其他:装砂容器(小铲)、扫帚或毛刷、挡风板等。

3 方法与步骤

3.1 准备工作

(1)量砂准备:取洁净的细砂,晾干过筛,取0.15~0.3mm的砂置适当的容器中备用。量砂只能在路面上使用一次,不宜重复使用。

(2)按本规程附录A的方法,对测试路段按随机取样选点的方法,决定测点所在横断面位置。测点应选在车道的轮迹带上,距路面边缘不应小于1m。

3.2 测试步骤

(1)用扫帚或毛刷子将测点附近的路面清扫干净,面积不小于30cm×30cm。

(2)用小铲装砂,沿筒壁向圆筒中注满砂,手提圆筒上方,在硬质路表面上轻轻地叩打3次,使砂密实,补足砂面用钢尺一次刮平。

注:不可直接用量砂筒装砂,以免影响量砂密度的均匀性。

(3)将砂倒在路面上,用底面粘有橡胶片的推平板,由里向外重复作旋转摊铺运动,稍稍用力将砂细心地尽可能地向外摊开,使砂填入凹凸不平的路表面的空隙中,尽可能将砂摊成圆形,并不得在表面上留有浮动余砂。注意,摊铺时不可用力过大或向外推挤。

(4)用钢板尺测量所构成圆的两个垂直方向的直径,取其平均值,准确至5mm。

(5)按以上方法,同一处平行测定不少于3次,3个测点均位于轮迹带上,测点间距3~5m。对同一处,应该由同一个试验员进行测定。该处的测定位置以中间测点的位置表示。

4 计算

4.1 路面表面构造深度测定结果按式(T 0961)计算:

$$\mathrm{TD} = \frac{1000V}{\pi D^2/4} = \frac{31831}{D^2} \qquad (\mathrm{T}\ 0961)$$

式中:TD——路面表面构造深度(mm);

V——砂的体积($25\mathrm{cm}^3$);

D——摊平砂的平均直径(mm)。

4.2 每一处均取3次路面构造深度的测定结果的平均值作为试验结果,准确至0.01mm。

4.3 按本规程附录B的方法计算每一个评定区间路面构造深度的平均值、标准差、变异系数。

5 报告

5.1 列表逐点报告路面构造深度的测定值及3次测定的平均值。当平均值小于

0.2mm时,试验结果以 <0.2mm 表示。

5.2 每一个评定区间路面构造深度的平均值、标准差、变异系数。

条文说明

路面表面的构造深度(TD)以前称纹理深度,是路面粗糙度的重要指标,它与路表抗滑性能、排水、噪声等都有一定关系。手工铺砂法与 T 0962 电动铺砂法都是将细砂铺在路面上,计算嵌入凹凸不平的表面空隙中的砂的体积与覆盖面积之比,从而求得构造深度。这是目前工程上最为基本也是最为常用的方法。

对于铺砂使用砂的粒径和体积,日本铺装试验法便览 7-7 规定,对粗糙的路面用 0.15 ~ 0.3mm 的砂 $50cm^3$,对于致密的路面用 0.075 ~ 0.15mm 的砂 $10cm^3$。从理论上讲,该规定比较合理,不致使铺开的砂面积过小或过大,但操作起来不好掌握。为便于操作,本方法仍维持原规程规定的 0.15 ~ 0.3mm 砂粒径和 $25cm^3$ 体积。

一般认为手工铺砂法误差较大。其原因有很多,例如装砂的方法无标准,以前不少人直接用量筒到装砂的筒中装砂,致使量筒中的砂紧密程度不一样,影响砂量;还有摊砂用的推平板无标准,以前的方法中橡胶片厚 1.5 ~ 2.5mm, 材料为钢的,也有用木板的。另外,对量砂本次修订规定不重复使用,原规程对回收砂要求处理后才能使用,可是在实际测试中无法控制。因此取消回收砂,测试时只需要多准备点砂就可以了。

本方法为弥补这些缺陷,尽可能作了统一或明确。除对铺砂用的推平板尺寸材料作了明确规定外,还对装砂敲击密实、摊砂等方法作了规定,摊开时用“使砂填入凹凸不平的路表面的空隙中,尽可能将砂摊成圆形,并不得在表面上留有浮动余砂”的提法,是根据铺砂法的原理并参考日本试验法的提法编写的。只有砂填入路表面空隙中的体积才能用于计算构造深度,如果摊得不足,路表基准平面以上的砂也计入空隙的体积,势必使构造深度变大;反之如果用力过猛,砂摊开面积过大,则又使构造深度变小。因此,为了测试数据的准确性,本次修订规定对同一处测定应该由同一个试验员完成。

T 0962—1995　电动铺砂仪测定路面构造深度试验方法

1　目的与适用范围

本方法适用于测定沥青路面及水泥混凝土路面表面构造深度,用以评定路面表面的宏观构造。

2　仪具与材料技术要求

本方法需要下列仪具与材料:

(1)电动铺砂仪:利用可充电的直流电源将量砂通过砂漏铺设成宽度 5cm,厚度均匀一致的器具,如图 T 0962-1 所示。

(2)量砂:足够数量的干燥洁净的匀质砂,粒径为 0.15 ~ 0.3mm。

(3)标准量筒：容积50mL。

(4)玻璃板：面积大于铺砂器，厚5mm。

(5)其他：直尺、扫帚、毛刷等。

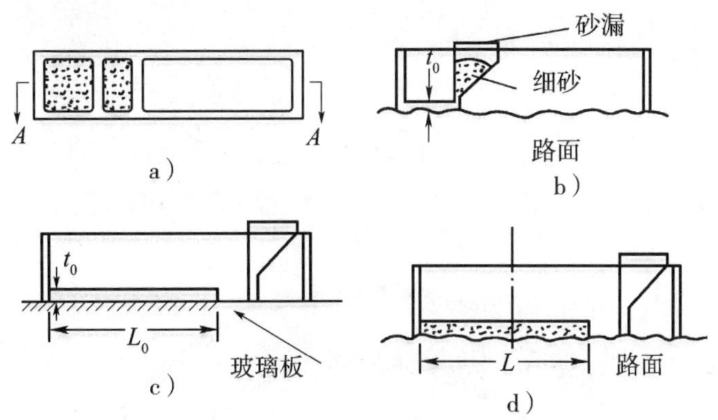

图 T 0962-1　电动铺砂仪

a)平面图；b)A—A 断面；c)标定；d)测定

3　方法与步骤

3.1　准备工作

(1)量砂准备：取洁净的细砂，晾干过筛，取0.15～0.3mm的砂置适当的容器中备用。量砂只能在路面上使用一次，不宜重复使用。

(2)按本规程附录A的方法，对测试路段按随机取样选点的方法，决定测点所在横断面位置。测点应选在车道的轮迹带上，距路面边缘应不小于1m。

3.2　电动铺砂器标定

(1)将铺砂器平放在玻璃板上，将砂漏移至铺砂器端部。

(2)使灌砂漏斗口和量筒口大致齐平。通过漏斗向量筒中缓缓注入准备好的量砂至高出量筒成尖顶状，用直尺沿筒口一次刮平，其容积为50mL。

(3)使漏斗口与铺砂器砂漏上口大致齐平。将砂通过漏斗均匀倒入砂漏，漏斗前后移动，使砂的表面大致齐平，但不得用任何其他工具刮动砂。

(4)开动电动机，使砂漏向另一端缓缓运动，量砂沿砂漏底部铺成图 T 0962-2 所示的宽5cm的带状，待砂全部漏完后停止。

(5)按图 T 0962-2，依式(T 0962-1)由 L_1 及 L_2 的平均值决定量砂的摊铺长度 L_0，准确至1mm。

$$L_0 = (L_1 + L_2)/2 \quad (\text{T 0962-1})$$

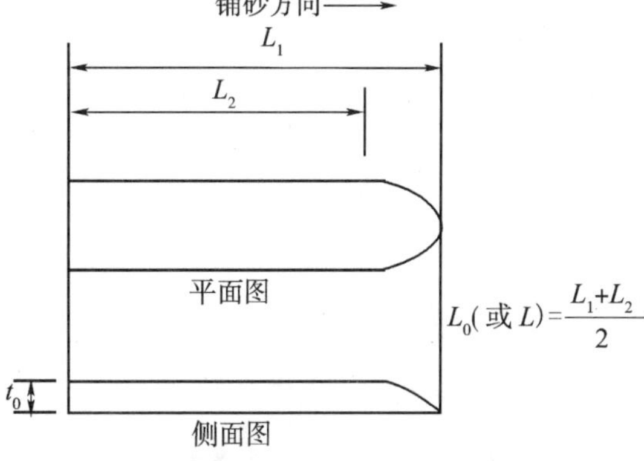

图 T 0962-2　决定 L_0 及 L 的方法

L_0-玻璃板上50mL量砂摊铺的长度(mm)；L-路面上50mL量砂摊铺的长度(mm)

(6)重复标定3次,取平均值决定 L_0,准确至1mm。

注:标定应在每次测试前进行,用同一种量砂,由承担测试的同一试验员进行。

3.3 测试步骤

(1)将测试地点用毛刷刷净,面积大于铺砂仪。

(2)将铺砂仪沿道路纵向平稳地放在路面上,将砂漏移至端部。

(3)按第3.2条之(2)~(5)相同的步骤,在测试地点摊铺50mL量砂,按图T 0962-2的方法量取摊铺长度 L_1 及 L_2,由式(T 0962-2)计算 L,准确至1mm。

$$L = (L_1 + L_2)/2 \qquad \text{(T 0962-2)}$$

(4)按以上方法,同一处平行测定不少于3次,3个测点均位于轮迹带上,测点间距3~5m。该处的测定位置以中间测点的位置表示。

4 计算

4.1 按式(T 0962-3)计算铺砂仪在玻璃板上摊铺的量砂厚度 t_0。

$$t_0 = \frac{V}{B \times L_0} \times 1000 = \frac{1000}{L_0} \qquad \text{(T 0962-3)}$$

式中:t_0——量砂在玻璃板上摊铺的标定厚度(mm);

V——量砂体积,50mL;

B——铺砂仪铺砂宽度,50mm。

4.2 按式(T 0962-4)计算路面构造深度TD。

$$TD = \frac{L_0 - L}{L} \times t_0 = \frac{L_0 - L}{L \times L_0} \times 1000 \qquad \text{(T 0962-4)}$$

式中:TD——路面的构造深度(mm)。

4.3 每一处均取3次路面构造深度的测定结果的平均值作为试验结果,准确至0.1mm。

4.4 按本规程附录B的方法计算每一个评定区间路面构造深度的平均值、标准差、变异系数。

5 报告

5.1 列表逐点报告路面构造深度的测定值及3次测定的平均值。当平均值小于0.2mm时,试验结果以 <0.2mm 表示。

5.2 每一个评定区间路面构造深度的平均值、标准差、变异系数。

条文说明

本方法在日本及其他一些国家使用,我国也有一些单位使用。

电动铺砂法与手工铺砂法虽然原理相同,但测定方法有差别。手工法是将全部砂都填入凹凸不平的空隙中了,而电动法是在与玻璃板上摊铺后比较求得的,所以两法测定结果存在差异。

电动铺砂法的标定十分重要,测试时的做法应与标定时一样,因此必须用同一种砂,由同一试验员进行。为了测定数据的准确性,本次修订规定不使用回收砂。

T 0966—2008　车载式激光构造深度仪测定路面构造深度试验方法

1　目的与适用范围

1.1　本方法适用于各类车载式激光构造深度仪在新建、改建路面工程质量验收和无严重破损病害及无积水、积雪、泥浆等正常行车条件下测定,连续采集路面构造深度,但不适用于带有沟槽构造的水泥混凝土路面构造深度的测定。

1.2　本方法的数据采集、传输、记录和处理分别由专用软件自动控制进行。

2　仪具与材料技术要求

2.1　测试系统构成

测试系统由承载车辆、距离传感器、激光传感器和主控制系统组成。主控制系统对测试装置的操作实施控制,完成数据采集、传输、存储与计算过程。

2.2　设备承载车要求

根据设备供应商的要求选择测试系统承载车辆。

2.3　测试系统基本技术要求和参数

(1)最大测试速度:≥50km/h。

(2)采样间隔:≤10mm。

(3)传感器测试精度:0.1mm。

(4)距离标定误差:<0.1%。

(5)系统工作环境温度:0~60℃。

3　方法与步骤

3.1　准备工作

(1)设备安装到承载车上以后应按第4条进行相关性标定试验。

(2)根据设备操作手册的要求对测试系统各传感器进行校准。

(3)距离测量装置需要现场安装的,根据设备操作手册说明进行安装,确保机械紧固装置安装牢固。

(4)测试系统各部分应符合测试要求,不应有明显的可视性破损。

(5)打开系统电源,启动控制程序,检查各部分的工作状态。

3.2 测试步骤

(1)按照设备使用说明规定的预热时间对测试系统预热。

(2)测试车停在测试起点前 50 ~ 100m 处,启动测试系统程序,按照设备操作手册的规定和测试路段的现场技术要求设置完毕所需的测试状态。

(3)驾驶员应按照设备操作手册要求的测试速度范围驾驶测试车,避免急加速和急减速,急弯路段应放慢车速,沿正常行车轨迹驶入测试路段。

(4)进入测试路段后,测试人员启动系统的采集和记录程序,在测试过程中必须及时准确地将测试路段的起终点和其他需要特殊标记的位置输入测试数据记录中。

(5)当测试车辆驶出测试路段后,测试人员停止数据采集和记录,并恢复仪器各部分至初始状态。

(6)检查:测试数据文件应完整,内容应正常,否则需要重新测试。

(7)关闭测试系统电源,结束测试。

4 激光构造深度仪测值与铺砂法构造深度值相关关系对比试验

(1)选择构造深度分别在 0 ~ 0.3mm、0.3 ~ 0.55mm、0.55 ~ 0.8mm、0.8 ~ 1.2mm 范围的 4 个各长 100m 的试验路段。试验前将路面清扫干净,并在起终点做上标记。

(2)在每个试验路段上沿一侧行车轮迹用铺砂法测试至少 10 点的构造深度值,并计算平均值。

(3)驾驶测试车以 30 ~ 50km/h 速度驶过试验路段,并且保证激光构造深度仪的激光传感器探头沿铺砂法所测构造深度的行车轮迹运行,计算试验路段的构造深度平均值。

(4)建立两种方法的相关关系式,要求相关系数 R 不小于 0.97。

5 报告

构造深度检测报告应包括以下内容:

(1)路段构造深度平均值、标准差。

(2)提供激光构造深度仪测值与铺砂法构造深度值在选定测试条件下的相关关系式及相关系数。

条文说明

原规程中所列手推式激光构造深度仪多年来在国内普及使用范围很小,本次修订取消了该设备的试验方法。而目前随着车载式激光断面仪在工程检测工作中的大量使用,已需要制定相应的现场试验方法来规范其测试路面构造深度的过程,因此规程中新增加制定了车载式激光构造深度仪试验方法。

另外,由于测试工作原理的原因,在加工有槽状或坑状表面构造的水泥混凝土路面上,激光构造深度仪的测试结果受到一定影响,故使用受到限制。

车载式激光构造深度仪的激光传感器响应频率和现场测试速度对测试结果有内在的影响,对不同类型设备无法限定激光传感器的参数,因此设备技术要求通过测试速度和采样间隔来间接控制激光传感器的参数。

由于计算模式的差别,激光构造深度仪与铺砂法的测试结果存在一定的差异,因此必须在完成两者之间的相关性试验和转换后才能进行测试结果的评定。

T 0964—2008 摆式仪测定路面摩擦系数试验方法

1 目的与适用范围

本方法适用于以摆式摩擦系数测定仪(摆式仪)测定沥青路面、标线或其他材料试件的抗滑值,用以评定路面或路面材料试件在潮湿状态下的抗滑能力。

2 仪具与材料技术要求

本方法需要下列仪具与材料:

(1)摆式仪:形状及结构如图 T 0964-1 所示。摆及摆的连接部分总质量为 1 500g ±

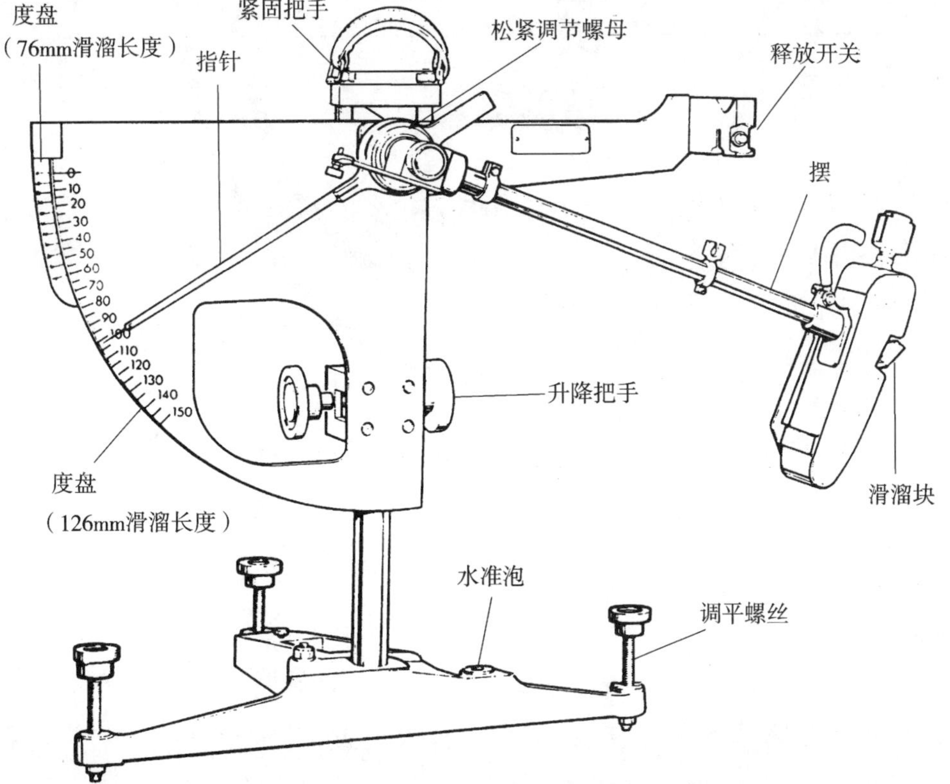

图 T 0964-1 摆式仪结构示意图

30g,摆动中心至摆的重心距离为410mm ± 5mm,测定时摆在路面上滑动长度为126mm ± 1mm,摆上橡胶片端部距摆动中心的距离为510mm,橡胶片对路面的正向静压力为22.2N ± 0.5N。

(2)橡胶片:当用于测定路面抗滑值时,其尺寸为6.35mm × 25.4mm × 76.2mm。橡胶质量应符合表T 0964-1的要求。当橡胶片使用后,端部在长度方向上磨耗超过1.6mm或边缘在宽度方向上磨耗超过3.2mm,或有油类污染时,即应更换新橡胶片。新橡胶片应先在干燥路面上测试10次后再用于测试。橡胶片的有效使用期从出厂日期起算为12个月。

(3)滑动长度量尺:长126mm。

(4)喷水壶。

(5)硬毛刷。

(6)路面温度计:分度不大于1℃。

(7)其他:扫帚、记录表格等。

表 T 0964-1 橡胶物理性质技术要求

性质指标	温度(℃)				
	0	10	20	30	40
弹性(%)	43 ~ 49	58 ~ 65	66 ~ 73	71 ~ 77	74 ~ 79
硬度(IR)	55 ± 5				

3 方法与步骤

3.1 准备工作

(1)检查摆式仪的调零灵敏情况,并定期进行仪器的标定。

(2)按本规程附录A的方法,进行测试路段的取样选点。在横断面上测点应选在行车道轮迹处,且距路面边缘应不小于1m。

3.2 测试步骤

(1)清洁路面:用扫帚或其他工具将测点处的路面打扫干净。

(2)仪器调平。

①将仪器置于路面测点上,并使摆的摆动方向与行车方向一致。

②转动底座上的调平螺栓,使水准泡居中。

(3)调零。

①放松紧固把手,转动升降把手,使摆升高并能自由摆动,然后旋紧紧固把手。

②将摆固定在右侧悬臂上,使摆处于水平释放位置,并把指针拨至右端与摆杆平行处。

③按下释放开关,使摆向左带动指针摆动。当摆达到最高位置后下落时,用手将摆杆

接住，此时指针应指零。

④若不指零，可稍旋紧或旋松摆的调节螺母。

⑤重复上述4个步骤，直至指针指零。调零允许误差为±1。

(4)校核滑动长度。

①让摆处于自然下垂状态，松开固定把手，转动升降把手，使摆下降。与此同时，提起举升柄使摆向左侧移动，然后放下举升柄使橡胶片下缘轻轻触地，紧靠橡胶片摆放滑动长度量尺，使量尺左端对准橡胶片下缘；再提起举升柄使摆向右侧移动，然后放下举升柄使橡胶片下缘轻轻触地，检查橡胶片下缘应与滑动长度量尺的右端齐平。

②若齐平，则说明橡胶片两次触地的距离（滑动长度）符合126mm的规定。校核滑动长度时，应以橡胶片长边刚刚接触路面为准，不可借摆的力量向前滑动，以免标定的滑动长度与实际不符。

③若不齐平，升高或降低摆或仪器底座的高度。微调时用旋转仪器底座上的调平螺丝调整仪器底座的高度的方法比较方便，但需注意保持水准泡居中。

④重复上述动作，直至滑动长度符合126mm的规定。

(5)将摆固定在右侧悬臂上，使摆处于水平释放位置，并把指针拨至右端与摆杆平行处。

(6)用喷水壶浇洒测点，使路面处于湿润状态。

(7)按下右侧悬臂上的释放开关，使摆在路面滑过。当摆杆回落时，用手接住，读数但不记录。然后使摆杆和指针重新置于水平释放位置。

(8)重复(6)和(7)的操作5次，并读记每次测定的摆值。

单点测定的5个值中最大值与最小值的差值不得大于3。如差值大于3时，应检查产生的原因，并再次重复上述各项操作，至符合规定为止。

取5次测定的平均值作为单点的路面抗滑值（即摆值 BPN_t），取整数。

(9)在测点位置用温度计测记潮湿路表温度，准确至1℃。

(10)每个测点由3个单点组成，即需按以上方法在同一测点处平行测定3次，以3次测定结果的平均值作为该测点的代表值（精确到1）。

3个单点均应位于轮迹带上，单点间距离为3～5m。该测点的位置以中间单点的位置表示。

4 抗滑值的温度修正

当路面温度为 t（℃）时，测得的摆值为 BPN_t 必须按式（T 0964-1）换算成标准温度20℃的摆值 BPN_{20}。

$$BPN_{20} = BPN_t + \Delta BPN \qquad (T\ 0964\text{-}1)$$

式中：BPN_{20}——换算成标准温度20℃时的摆值；

BPN_t——路面温度 t 时测得的摆值；

ΔBPN——温度修正值按表 T 0964-2 采用。

表 T 0964-2　温度修正值

温度(℃)	0	5	10	15	20	25	30	35	40
温度修正值 ΔBPN	-6	-4	-3	-1	0	+2	+3	+5	+7

5　报告

报告应包含如下内容：

(1)路面单点测定值 BPN_t 经温度修正后的 BPN_{20}、现场温度、3 次的平均值。

(2)评定路段路面抗滑值的平均值、标准差、变异系数。

条文说明

用手提摆式仪测定路面抗滑是由英国道路和运输研究所(TRRL)发明并逐渐在世界各国使用的。BPN 是 British Pendulum Number 的缩写，即摆式仪的刻度。此法是目前世界各国广泛采用的抗滑性能测试法，在我国亦已普遍使用，故列入本规程。本方法是按照国外通用的试验方法如 BS 598、ASTM E303、AASHTO、日本铺装试验法便览 7-5 编写的。

摆式仪测定的 BPN 值是反映路面抗滑性能的综合性指标。日本道路公团的施工规范中规定，路面交工时 BPN 应满足不小于 70～75 的要求。但是 BPN 主要取决于石料磨光值 PSV，且有良好的相关性，BPN = PSV × 0.51 + 25.2。据日本对碎石的抗滑性能测试(ASPHALT，NO.144)，PSV 用平均值 ±1 倍标准差表示，试验结果如下：

火成岩：平均值 71±3，其中安山岩、玄武岩、橄榄岩平均 71±8；

水成岩：平均值 55±3，其中石灰岩 47±4、砂岩 58±4、砾岩 71±4、页岩 73±4；

变质岩：平均值 72±3，其中黏板岩、角闪岩、片麻岩平均 72±9。

原规程摆上橡胶片端部距摆动中心的距离为 508mm，本次修订改为“橡胶片外边缘距摆动中心的距离为 510mm±2mm”。为了便于测试，将仪具“洒水壶”改为“喷水壶”；将“橡胶刮板”更改为“硬毛刷”。摆式仪的测定结果受摆的结构、质量、橡胶片的硬度的影响很大。各国标准均规定橡胶片应符合英国 BS 812 天然橡胶或美国 ASTM E 501 规定的合成橡胶的要求。英国采用的是特有的天然橡胶，美国采用的是合成橡胶，日本采用英国的橡胶片，我国采用自行研制的橡胶片。ASTM E 501 规定了合成橡胶的配方，其中对测试方法也有所规定。表 T 0964-3 是美国 ASTM E 501 对橡胶物理性质的主要技术要求。

摆式仪在测试前的标定步骤是必需的，否则测试精度达不到要求。具体的标定步骤按国外试验方法编写。实际测试时，对仪器本身的调零和调平、校核滑动长度等都是重要的步骤，且同一人 5 次测定的 BPN 值相差不得超过 3 个单位。

摆值受路面温度影响很大，各国均以 20℃为标准温度。当路面试验温度不是 20℃时，应进行温度修正。英国 TRRL 最早提出了温度修正曲线，在常用的 10～40℃范围内，修正值不超过 3。TRRL 提出在用作石料抗滑值 PSV 试验时，用下式修正：

$$C_{20} = \frac{100 + t}{120} \times C_t \qquad \text{(T 0964-2)}$$

式中：t——试验温度(℃)；

C_t、C_{20}——实测温度 t(℃)及换算为20℃时的摆值BPN。

表 T 0964-3 橡胶物理性质技术要求

力学指标		要求	测试方法
橡胶片硫化(149℃)(min)	不少于	30	ASTM D 3182
300%模量(MPa)		5.5±1.4	ASTM D 412
硬度(IR)		58±2	ASTM D 2240
恢复能		47±2	ASTM D 1054
拉伸强度(MPa)		13.8	ASTM D 412
伸长(%)	不少于	500	ASTM D 412

但是后来各国众多的学者均对此进行了研究,认为TRRL的修正值偏小,一些学者提出的修正曲线如图T 0964-2所示。图中ΔBPN是日本在路面现场实测的修正值,当温度为10℃及40℃时,修正值达8。日本道路公团提出的修正公式见式(T 0964-3)。当路面温度为 t(℃)时,测得的摆值为 BPN_t,则换算成标准温度20℃的摆值为 BPN_{20}。

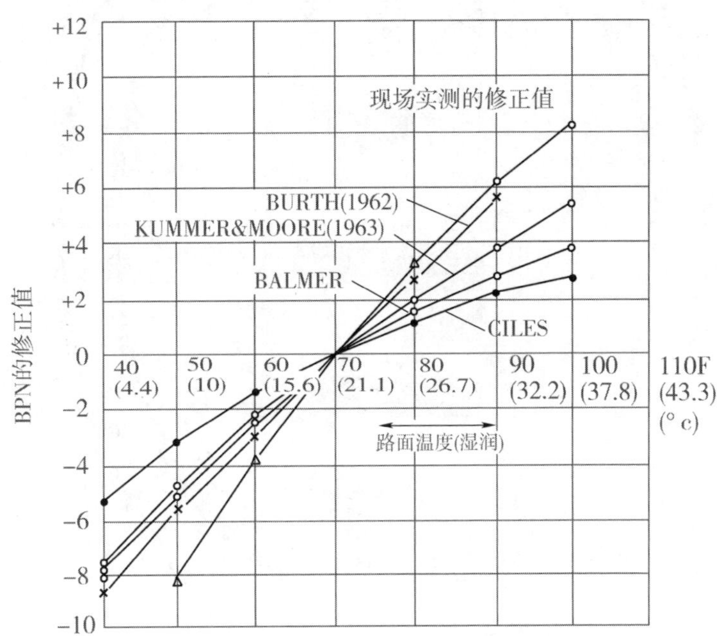

图 T 0964-2 温度修正曲线

摆式仪测定的精度用标准差表示时,英国天然橡胶摆是1.0,美国合成橡胶摆是1.2。为满足95%的精度要求,最小测定次数对英国摆是4次,美国摆是5次。我国规定每一测点重复测试5次,同一测试路段要取5个测点的平均值。

$$BPN_{20} = -0.0071t^2 + 0.9301t - 15.79 + BPN_t \qquad (T\ 0964\text{-}3)$$

式中:BPN_{20}——换算成标准温度20℃时的摆值;

BPN_t——路面温度 t 时测得的摆值;

t——测定的路表潮湿状态下的温度(℃)。

本规程采用的换算公式及换算系数表是我国自行对试块进行保温在不同温度下进行测试得出的结果;在中间温度时,可用内插法计算。

T 0965—2008　单轮式横向力系数测试系统测定路面摩擦系数试验方法

1　目的与适用范围

1.1　本方法适用于工作原理和结构与 SCRIM 测试车相同的横向力系数测试系统在新建、改建路面工程质量验收和无严重坑槽、车辙等病害的正常行车条件下连续采集路面的横向力系数。

1.2　本方法的数据采集、传输、记录和处理分别由专用软件自动控制进行。

2　仪具与材料技术要求

2.1　测试系统构成

测试系统由承载车辆、距离测试装置、横向力测试装置、供水装置和主控制系统组成，如图 T 0965。主控制系统除实施对测试装置和供水装置的操作控制外，同时还控制数据的传输、记录与计算等环节。

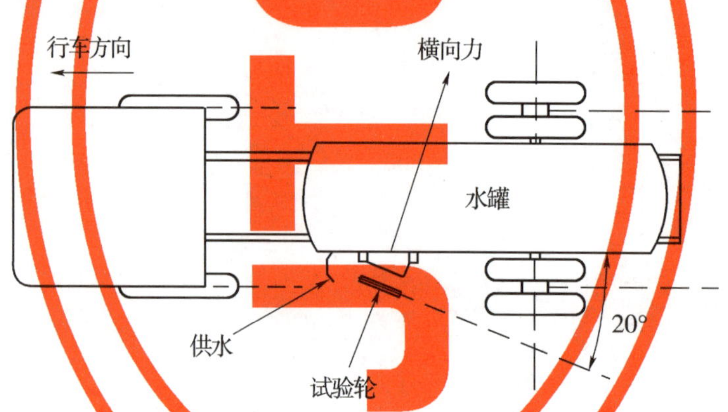

图 T 0965　单轮式横向力系数测试系统构造示意图

2.2　设备承载车基本技术要求和参数

横向力系数测试系统的承载车辆应为能够固定和安装测试、储供水、控制和记录等系统的载货车底盘，具有在水罐满载状态下最高车速大于 100km/h 的性能。

2.3　测试系统技术要求和参数

(1)测试轮胎类型：光面天然橡胶充气轮胎。

(2)测试轮胎规格：3.00/20。

(3)测试轮胎标准气压：350kPa ± 20kPa。

(4)测试轮偏置角：19.5° ~ 21°。

(5)测试轮静态垂直标准荷载：2 000N ± 20N。

(6)拉力传感器非线性误差：< 0.05%。

(7)拉力传感器有效量程:0~2 000N。

(8)距离标定误差:<2%。

3 方法与步骤

3.1 准备工作

(1)每个测试项目开始前或连续测试超过 1 000km 后必须按照设备使用手册规定的方法进行测试系统的标定,记录标定数据并存档。

(2)检查测试车轮胎气压,应达到车辆轮胎规定的标准气压。

(3)检查测试轮胎磨损情况,当其直径比新轮胎减小达 6mm(也即胎面磨损 3mm)以上或有明显磨损裂口时,必须立即更换新轮胎。更换的新轮胎在正式测试前应试测 2km。

(4)检测测试轮气压,应达到 0.35MPa±0.02MPa 的要求。

(5)检查测试轮固定螺栓应拧紧。将测试轮放到正常测试时的位置,检查其应能够沿两侧滑柱上下自由升降。

(6)根据测试里程的需要向水罐加注清洁测试用水。

(7)检查洒水口出水情况和洒水位置应正常;洒水位置应在测试轮触地面中点沿行驶方向前方 400mm±50mm 处,洒水宽度应为中心线两侧各不小于 75mm。

(8)将控制面板电源打开,检查各项控制功能键、指示灯和技术参数选择状态应正常。

3.2 测试步骤

(1)正式开始测试前,首先应按设备操作手册规定的时间要求对系统进行通电预热。

(2)进入测试路段前应将测试轮胎降至路面上预跑约 500m。

(3)按照设备操作手册的规定和测试路段的现场技术要求设置完毕所需的测试状态。

(4)驾驶员在进入测试路段前应保持车速在规定的测试速度范围内,沿正常行车轨迹驶入测试路段。

(5)进入测试路段后,测试人员启动系统的采集和记录程序。在测试过程中必须及时准确地将测试路段的起终点和其他需要特殊标记点的位置输入测试数据记录中。

(6)当测试车辆驶出测试路段后,仪器操作人员停止数据采集和记录,提升测量轮并恢复仪器各部分至初始状态。

(7)操作人员检查数据文件应完整,内容应正常,否则需要重新测试。

(8)关闭测试系统电源,结束测试。

4 SFC 值的修正

4.1 SFC 值的速度修正

测试系统的标准测试速度范围规定为 50km/h±4km/h,其他速度条件下测试的 SFC 值必须通过式(T 0965-1)转换至标准速度下的等效 SFC 值。

$$SFC_{标} = SFC_{测} - 0.22(v_{标} - v_{测}) \quad (T\ 0965\text{-}1)$$

式中:$SFC_{标}$——标准测试速度下的等效 SFC 值;

$SFC_{测}$——现场实际测试速度条件下的 SFC 测试值;

$v_{标}$——标准测试速度,取值 50km/h;

$v_{测}$——现场实际测试速度。

4.2 SFC 值的温度修正

测试系统的标准现场测试地面温度范围为 20℃ ± 5℃,其他地面温度条件下测试的 SFC 值必须通过表 T 0965 转换至标准温度下的等效 SFC 值。系统测试要求地面温度控制在 8 ~ 60℃范围内。

表 T 0965 SFC 值温度修正

温度	10	15	20	25	30	35	40	45	50	55	60
修正	-3	-1	0	+1	+3	+4	+6	+7	+8	+9	+10

5 不同类型摩擦系数测试设备间相关关系对比试验

5.1 基本要求

不同类型摩擦系数测试设备的测值应换算成 SFC 值后使用,所以制动式摩擦系数测试设备和其他类型横向力式测试设备在使用时必须和 SCRIM 系统进行对比试验,建立测试结果与 SCRIM 系统测值——SFC 值的相关关系。

5.2 试验条件

(1)按 SFC 值 0 ~ 30、30 ~ 50、50 ~ 70、70 ~ 100 的范围选择 4 段不同摩擦系数的路段,路段长度可为 100 ~ 300m。

(2)对比试验路段地面应清洁干燥,地面温度应在 10 ~ 30℃范围内,天气条件宜为晴天无风。

5.3 试验步骤

(1)测试系统和需要进行对比试验的其他类型设备分别按 3.1 的方法及其操作手册规定的程序准备就绪。

(2)两套设备分别以 40km/h、50km/h、60km/h、70km/h、80km/h 的速度在所选择的 4 种试验路段上各测试 3 次,3 次测试的平均值的绝对差值不得大于 5,否则重测。

(3)两种试验设备设置的采样频率差值不应超过一倍,每个试验路段的采样数据量不应少于 10 个。

5.4 试验数据处理

(1)分别计算出每种速度下各路段 3 次测试结果的总平均值和标准差,超过 3 倍标准差的值应予以舍弃。

(2)用数理统计的回归分析方法建立试验设备测值与速度的相关关系式,相关系数 R 不得小于0.95。

(3)建立不同速度下试验设备测值SFC的相关关系式,相关系数 R 不得小于0.95。

6 报告

报告应包括横向力系数SFC的平均值、标准差、代表值及现场测试速度和温度。

条文说明

横向力系数测试系统在世界许多国家被采用,但在测试轮偏角、测试轮荷载、轮胎类型等方面的技术标准却有所差别。英国SCRIM系统是这类设备中性能较为优良、使用范围也较广的一种类型。我国标准体系中引入的横向力系数测试系统即是英国的SCRIM系统,因此本方法规定的横向力摩擦系数测定车与英国SCRIM原型设备的基本参数指标保持一致。

测试系统在经过长期放置、长途行驶或进入温度、湿度差别较大的地区时,其性能指标都可能发生变化,因此规定在每个测试项目开始前必须对设备进行重新标定。

本规程中测试方法与步骤为满足不同型号SCRIM系统的使用要求,在编写内容上着重于规定同类测试方法的基本技术要求,而设备的具体操作程序和标定方法应依照厂家对每台设备提供的操作手册执行。

测试速度是影响SFC值大小的重要因素。通过对8条不同SFC值水平下的试验路段分别以40km/h、50km/h、……、80km/h等5组测试速度的重复试验,得到相关性较好的回归方程。由于所有回归方程的斜率都相近且修正值幅度一般较小,故近似取为常数 -0.22,代入回归方程可计算得出标准速度下的SFC值。

路面SFC的测试结果受环境温度影响,原因是不同温度条件下测试轮胎的弹性和路面本身的抗滑性能都会发生变化。英国的Lander和Sabey分别进行了温度对SFC影响的试验,得到关系式如下:

Lander:
$$\frac{SFC_t}{SFC_{20}} = 1.106 - 0.0054t \qquad (r = -0.79) \tag{T 0965-2}$$

Sabey :
$$\frac{SFC_t}{SFC_{20}} = 0.548 + \frac{44.69}{t+80} \qquad (r = 0.81) \tag{T 0965-3}$$

由上述试验得出的结果为,温度每升高1℃,SFC值减小0.3个单位。国内选取的8个路段进行的温度试验显示,温度每升高1℃,SFC值减小0.2~0.3个单位,结论基本一致。为简化修正方法,制定了温度修正表。

根据《公路工程质量检验评定标准(土建工程)》(JTG F80/1—2004)中相关规定,横向力摩擦系数使用代表值进行工程质量评定,具体计算公式如下:

按公式(T 0965-4)计算SFC代表值。

$$SFC_r = \overline{SFC} - \frac{t_\alpha}{\sqrt{n}}S \tag{T 0965-4}$$

式中:SFC_r——SFC代表值;

$\overline{SFC}$——SFC平均值;

S——标准差;

n——数据个数;

t_α——t 分布表中随测点数和保证率(或置信度)而变的系数,可查本规程附录 B 表 B;采用的保证率:高速公路、一级公路为 95%,其他公路为 90%。

T 0967—2008　双轮式横向力系数测试系统测定路面摩擦系数试验方法

1　目的与适用范围

1.1　本方法适用于工作原理和结构与 Mu-Meter 相同的摩擦系数测试系统在新建、改建路面工程的质量验收和无严重坑槽、车辙等病害的正常行车条件下测定沥青路面或水泥混凝土路面的摩擦系数。

1.2　本方法的数据采集、传输、记录和处理分别由专用软件自动控制进行。

2　仪具与材料技术要求

2.1　测定系统构成

测试系统主要由牵引车、供水系统、测量机构(包括荷载传感器)、电子控制和数据处理系统、标定装置等组成,如图 T 0967-1 和图 T 0967-2。

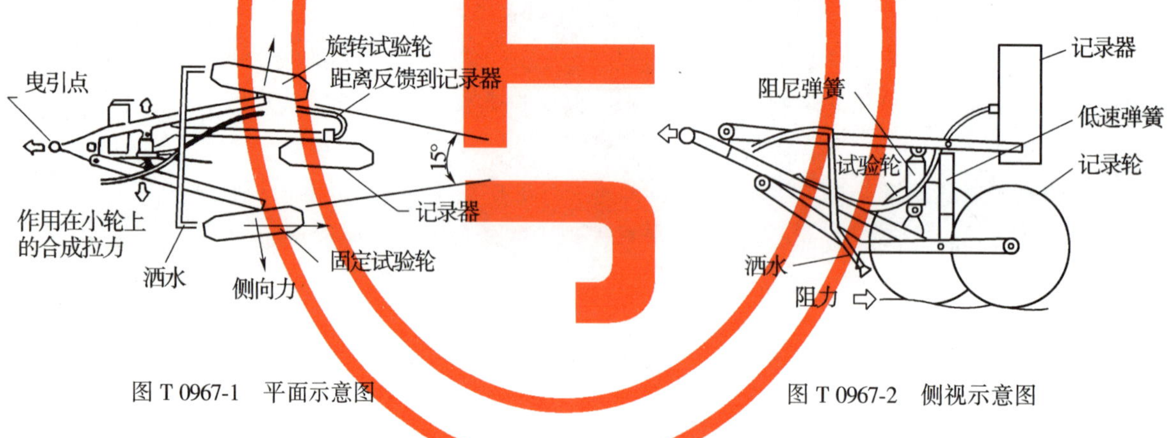

图 T 0967-1　平面示意图　　　图 T 0967-2　侧视示意图

2.2　设备牵引车基本技术要求和参数

牵引车最高行驶车速应大于 80km/h,车辆后部可安装专用拖挂的装置,车辆应配备警灯及相关警示标志。

2.3　测试系统技术要求和参数

(1)测试仪总质量:256kg。

(2)单轮静态标准荷载:1.27kN。

(3)测试轮夹角:15°。

(4)测试轮标准气压:70kPa ± 3.5kPa。

(5)测试轮规格:4.00/4.80-8 光面轮胎。

(6)洒水量:路面水膜厚度 0.5 ~ 1.0mm。

(7)测试速度范围:40 ~ 60km/h。

3 方法与步骤

3.1 准备工作

(1)按照仪器设备技术手册或使用说明书对测试系统进行标定。将专门的标定板放在地面上,人工将测试仪从板上拖拉三遍,系统自动判断标定是否通过,标定通过后才能用于路面测试。

(2)测试前,设备预热 10min 左右,并检查汽油机是否能正常工作,机油是否需要更换。

(3)测试仪及洒水车轮胎胎压应满足测试要求,野外测试时间较长时,应带上气压表和充气泵,以便随时检查测试车轮胎气压是否正常,必要时及时补气。系统各部分轮胎气压要求如下:

①摩擦测试轮:70kPa ± 3.5kPa。

②距离测试轮:210kPa ± 13.7kPa。

③水车轮胎:根据轮胎标示气压值。

(4)降下测试轮,打开水阀进行检查,水流情况应正常,水流应符合要求。检查仪表,各项指数应正常,然后升起测试轮。

(5)将牵引车及洒水车、测试仪及控制线路连接线依次连好后,拔出测试车插销,打开电脑进入测试状态,同时发动汽油机,打开水阀,准备测试。

3.2 测试步骤

(1)在测试路段起点前约 500m 处将车停住,开机预热时间不少于 10min。

(2)将车辆驶向测试路段,提前 100 ~ 200m 处打开水阀,降下测试轮。测试时的车速为 40 ~ 60km/h,测试过程中应保持匀速。

(3)测试过程中如遇数值异常或其他特征点,应及时通过控制程序做好标记,以备后查。

(4)当测试完成时,停止测试过程,存储数据文件。

4 测试数据处理

测定的摩擦系数数据存储在计算机磁盘中。测试系统提供数据处理程序软件,可计算和打印出每一个计算区间的摩擦系数值、行程距离、行驶速度、统计个数、平均值及标准差,同时还可打印出摩擦系数的变化图。

5 数据类型相关性转换

本试验方法得到的直接数据结果应参照 T 0965 第 5 条的内容转换为标准 SFC 值后才可进行相关的质量检验和评价。

6 报告

(1)路段摩擦系数值平均值、标准差、变异系数。

(2)提供摩擦系数值与 SCRIM 系统测值所建立的相关关系式及相关系数。

条文说明

Mu-Meter 摩擦系数测试系统是英国制造的一种横向力摩擦系数的测试设备,但其测试机构、传感器测力方向、轮胎尺寸和气压、荷载重量等均与 SCRIM 测试车不同。作为大型设备在实际应用中的补充,Mu-Meter 具有体积小、价格低等优点,在一些国家得到应用,近两年我国的购置数量已超过十台。

Mu-Meter 同样是测试路面的横向力摩擦系数,其测试结果与 SFC 值之间具有良好的相关关系;另外,该设备已被列入美国 ASTM E670—94 标准。Mu-Meter 在我国使用的技术条件之一是其测试结果必须转换成 SFC 值后才能进行工程上的应用和评价,因此本试验方法规定其参考 SCRIM 的方法进行相关性试验。

T 0968—2008　动态旋转式摩擦系数测试仪测定路面摩擦系数试验方法

1 目的与适用范围

本方法适用于工作原理及结构与日本 Dynamic Friction Tester 相同的动态旋转式摩擦系数测试仪测定路面的摩擦系数。

2 仪具与材料技术要求

(1)动态旋转式摩擦系数测试仪:包括控制器、测试仪和记录仪(图 T 0968)。

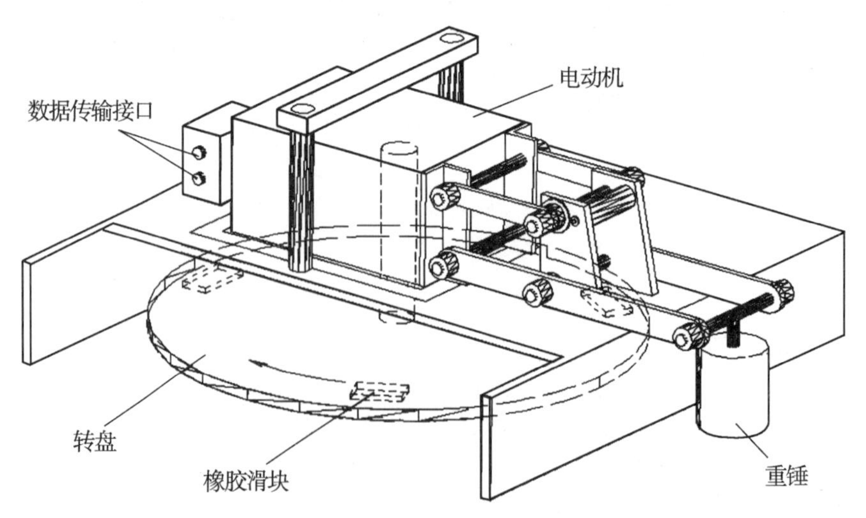

图 T 0968　DF 仪示意图

测试仪的主要部件是一个平面平行于测试表面的转盘,有三个橡胶滑块安装在转盘下方。测试仪还配有洒水装置,用于潮湿测试表面。测试时,当转盘加速到一定转速后被放到测试表面,使橡胶滑块与测试表面接触。在摩擦力的作用下转盘被减速,在此过程中测出由滑块所产生的力矩,并由此计算出摩擦系数。

滑块用簧片固定在转盘上。每个滑块的固定压力为11.8N。滑块的外形尺寸如图T 0968所示,轮廓尺寸为6mm×16mm×20mm。滑块与测试表面的接触压力为150kPa。滑块橡胶的肖氏硬度为58±2。

测量范围为20~80km/h的模拟车速下摩擦系数0~1的值。在现场测试时需要通过车辆的蓄电池(DC 12V)为其提供电源。

记录仪可以是 *X-Y* 记录仪或便携式计算机。采用 *X-Y* 记录仪时应备好记录纸和专用记录笔。

(2)其他用具:水桶、扫帚等。

3 方法与步骤

3.1 准备工作

(1)检查测试仪。将测试仪中的测试盘上固定橡胶测试块的螺丝拧紧。如果橡胶测试块厚度小于3mm,应及时更换。

(2)检查控制器和 *X-Y* 记录仪。将控制器上的电源线与车辆电源正确连接,开通控制器和 *X-Y* 记录仪电源,经检查应工作正常。检查记录笔是否可以使用。如笔尖过粗,应及时更换。

3.2 测试步骤

(1)用车辆将动态旋转式摩擦系数测试仪运到测试地段,选择轮迹上一块较为平坦且均匀的路面作为测试点,尽量避免坑槽或突粒,用扫帚将其清扫干净。将测试仪放到测试点上。测试仪的摆放方向应便于底部排水管将水排向测试点的方向。

(2)将测试仪与控制器正确连接,将灌满清水的水桶通过水管与测试仪的进水管连接,并将水桶放在高于测试仪处。将记录纸按照要求平铺在 *X-Y* 记录仪上。将控制器上的电源线与车辆电源正确连接。为保证车辆蓄电池保持平稳电压,应将车辆怠速运转。

(3)按顺序开通控制器电源开关及 *X-Y* 记录仪电源开关,启动记录笔,通过 *X*、*Y* 坐标调节器将记录笔调整至记录纸圆点坐标。

(4)开通控制器测试电源开关,下压测试仪电磁铁的开关,此时测试盘提升旋转。开通水桶的开关,向测试点开始喷水。检查 *X-Y* 记录仪,通过 *X*、*Y* 坐标调节器调节记录笔沿坐标轴行走。

(5)检查控制器的时速表,调节水量。当时速表达到90km/h的时候,关闭测试电源开关和水桶开关,测试盘降落到路面上进行测试,记录笔在记录纸上开始记录。

(6)测试仪的测试盘停止转动,记录笔在记录纸上记录直至回到圆点。测试结束。按照上述方法在同一测试点测试3次,同一测试点测试的3次结果的差值应不大于0.1个单位。每一处取3次测试结果的平均值作为试验结果,准确至0.01。

4 报告

报告应包含如下内容:

(1)路面单点测定值、现场温度、3 次的平均值。

(2)评定路段路面摩擦系数的平均值、标准差、变异系数。

条文说明

动态旋转式摩擦系数测试仪是日本制造的一种测试路面摩擦系数的装置。其试验过程中一次测试就可得到不同速度下的摩擦系数,结构简单,使用可靠,已被编入美国 ASTM 1911—98 标准。

我国目前已有单位在使用该设备,其与摆式仪和 SCRIM 系统均有良好的相关性。鉴于目前我国摆式仪的使用现状,本次修订增加了动态旋转式摩擦系数测试仪作为摩擦系数试验方法之一。

11　渗　　水

T 0971—2008　沥青路面渗水系数测试方法

1　目的与适用范围

本方法适用于在路面现场测定沥青路面的渗水系数。

2　仪具与材料技术要求

本方法需要下列仪具与材料：

(1)路面渗水仪：形状及尺寸如图 T 0971。上部盛水量筒由透明有机玻璃制成，容积

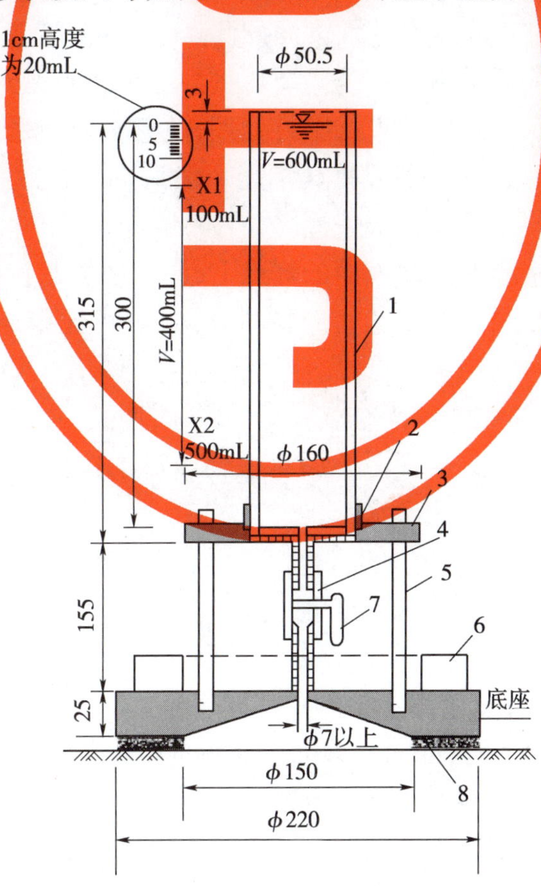

图 T 0971　渗水仪结构图(单位：mm)

1-透明有机玻璃筒；2-螺纹连接；3-顶板；4-阀；5-立柱支架；6-压重钢圈；7-把手；8-密封材料

600mL,上有刻度,在 100mL 及 500mL 处有粗标线,下方通过 ϕ10mm 的细管与底座相接,中间有一开关。量筒通过支架联结,底座下方开口内径 ϕ150 mm,外径 ϕ220mm,仪器附不锈钢圈压重两个,每个质量约 5kg,内径 ϕ160mm。

(2)水筒及大漏斗。

(3)秒表。

(4)密封材料:防水腻子、油灰或橡皮泥。

(5)其他:水、粉笔、塑料圈、刮刀、扫帚等。

3 方法与步骤

3.1 准备工作

(1)在测试路段的行车道路面上,按本规程附录 A 的随机取样方法选择测试位置,每一个检测路段应测定 5 个测点,并用粉笔画上测试标记。

(2)试验前,首先用扫帚清扫表面,并用刷子将路面表面的杂物刷去。杂物的存在一方面会影响水的渗入;另一方面也会影响渗水仪和路面或者试件的密封效果。

3.2 测试步骤

(1)将塑料圈置于试件中央或者路面表面的测点上,用粉笔分别沿塑料圈的内侧和外侧画上圈,在外环和内环之间的部分就是需要用密封材料进行密封的区域。

(2)用密封材料对环状密封区域进行密封处理,注意不要使密封材料进入内圈。如果密封材料不小心进入内圈,必须用刮刀将其刮走。然后再将搓成拇指粗细的条状密封材料摞在环状密封区域的中央,并且摞成一圈。

(3)将渗水仪放在试件或者路面表面的测点上,注意使渗水仪的中心尽量和圆环中心重合,然后略微使劲将渗水仪压在条状密封材料表面,再将配重加上,以防压力水从底座与路面间流出。

(4)将开关关闭,向量筒中注满水,然后打开开关,使量筒中的水下流排出渗水仪底部内的空气,当量筒中水面下降速度变慢时用双手轻压渗水仪使渗水仪底部的气泡全部排出。关闭开关,并再次向量筒中注满水。

(5)将开关打开,待水面下降至 100mL 刻度时,立即开动秒表开始计时,每间隔 60s,读记仪器管的刻度一次,至水面下降 500mL 时为止。测试过程中,如水从底座与密封材料间渗出,说明底座与路面密封不好,应移至附近干燥路面处重新操作。当水面下降速度较慢,则测定 3min 的渗水量即可停止;如果水面下降速度较快,在不到 3min 的时间内到达了 500mL 刻度线,则记录到达了 500mL 刻度线时的时间;若水面下降至一定程度后基本保持不动,说明基本不透水或根本不透水,在报告中注明。

(6)按以上步骤在同一个检测路段选择 5 个测点测定渗水系数,取其平均值作为检测结果。

4 计算

计算时以水面从 100mL 下降到 500mL 所需的时间为标准,若渗水时间过长,也可以采用 3min 通过的水量计算。

$$C_w = \frac{V_2 - V_1}{t_2 - t_1} \times 60 \qquad (T\ 0971)$$

式中：C_w——路面渗水系数(mL/min)；

V_1——第一次计时时的水量(mL)，通常为 100mL；

V_2——第二次计时时的水量(mL)，通常为 500mL；

t_1——第一次计时的时间(s)；

t_2——第二次计时的时间(s)。

5　报告

现场检测，每一个检测路段应测定 5 个测点，计算其平均值作为检测结果。若路面不透水，在报告中注明渗水系数为 0。

条文说明

沥青路面渗水性能是反映路面沥青混合料级配组成的一个间接指标，也是沥青路面水稳定性的一个重要指标。如果整个沥青面层均透水，则水势必进入基层或路基，使路面承载力降低。相反如果沥青面层中有一层不透水，而表层能很快透水，则不致形成水膜，对抗滑性能有很大好处。所以路面渗水系数已成为评价路面使用性能的一个重要指标列入相关的技术规范中。

原规程的试验方法是在我国以往实践经验的基础上参照日本铺装试验法便览的透水试验方法编写的。本次修订是通过对国内外多种渗水测定方法和渗水指标的研究，将原规程中的沥青路面渗水仪进行了适当的改变，用我国原来类似于 NCAT 的两段式渗水仪进行了大量的对比试验后，发现原规程的渗水仪存在不足，决定对原规程的渗水仪进行改进完善。其主要改进的地方有：增大了底座的外围直径，由原来的 16.5cm 增大为 22cm，这样底盘的圆环宽度由原来的 0.75cm 增大为 3.5cm；增加了渗水仪的高度，由原来的 31cm 增加为 51.5cm；增加了和底盘形状面积一样的塑料环。改进后的渗水仪，由于底座改进后接地面积是原来的 5.5 倍，大大增加了密封性能。通过使用塑料环画圈，可以比较精确地控制渗水面积，而且采取的密封措施可以使渗水面积在试验过程中不会发生改变。

对渗水较快，水面从 100mL 降至 500mL 的时间不很长的情况，中间也可不读数；如果渗水太慢，则从水面降至 100mL 时开始，测记 3min 即可中止试验；若水面基本不动，说明路面不透水，则在报告中注明即可。

原渗水系数计算公式里的说明不清楚，修改后的公式更加合理，实施起来也更方便。

12 错　　台

T 0972—1995　路面错台测试方法

1　目的与适用范围

本方法适用于测定路面在人工构造物端部接头、水泥混凝土路面或桥梁的伸缩缝以及沥青路面裂缝两侧由于沉降所造成的错台(台阶)高度,以评价路面行车舒适性能(跳车情况),并作为计算维修工作量的依据。

2　仪具与材料技术要求

本方法需要下列仪具与材料:

(1)皮尺。

(2)水准仪。

(3)3m 直尺、钢板尺、钢卷尺、粉笔。

3　方法与步骤

3.1　非经注明,错台的测定位置,以行车道错台最大处纵断面为准,根据需要也可以其他代表性纵断面为测定位置。

3.2　选择需要测定的断面,记录位置及桩号,描述发生错台的原因。

3.3　构造物端部由于沉降造成的接头错台的测试步骤如下:

(1)将精密水平仪架在距构造物端部不远的路面平顺处调平。

(2)从构造物端部无沉降或鼓包的断面位置起,沿路线纵向用皮尺量取一定距离,作为测点,在该处立起塔尺,测量高程。再向前量取一定距离,作为测点,测量高程。如此重复,直至无明显沉降的断面为止。无特殊需要,从构造物端部起的 2m 内应每隔 0.2m 量测一次,2~5m 内宜每隔 0.5m 量测一次,5m 以上可每隔 1m 量测一次,由此得出沉降纵断面及最大沉降值,即最大错台高度 D_m,准确至 1mm。

3.4　测定由水泥混凝土路面或桥梁的伸缩缝或路面横向开裂造成的接缝错台、裂缝错台时,可按第 3.3 条的方法用水平仪测定接缝或裂缝两侧一定范围内的道路纵断面,确定

JTG

最大错台的位置及高度 D_m，准确至 1mm。

3.5 当发生错台变形的范围不足 3m 时，可在错台最大位置沿路线纵向用 3m 直尺架在路面上，其一端位于错台的高出的一侧，另一端位于无明显沉降变形处，作为基准线。用钢板尺或钢卷尺每隔 0.2m 量取路面与基准线之间高度 D，同时测记最大错台高度 D_m，准确至 1mm。

4 资料整理

以测定的错台读数 D 与各测点的距离绘成纵断面图作为测定结果。图中应标明相应断面的设计纵断面高程，最大错台的位置与高度 D_m，准确至 0.001m。

5 报告

测试报告应记录如下事项：

(1)路线名、测定日期、天气情况。

(2)测定地点、桩号、路面及构造物概况。

(3)道路交通情况及造成错台原因的初步分析。

(4)最大错台高度 D_m 及错台纵断面图。

条文说明

路面错台是路面常见的损坏形式，也是产生跳车的主要原因。但关于跳车一直没有严格的定义，本方法是根据我国实际经验并参照国外有关维修养护规范制定的，主要参考日本铺装试验法便览 7-7 编写。

13 车 辙

T 0973—2008 沥青路面车辙测试方法

1 目的与适用范围

本方法适用于测定沥青路面的车辙,供评定路面使用状况及计算维修工作量时使用。

2 仪具与材料技术要求

本方法可选用下列仪具与材料:

(1)路面横断面仪:如图 T 0973-1 所示。其长度不小于一个车道宽度,横梁上有一位移传感器,可自动记录横断面形状,测试间距小于 20cm,测试精度 1mm。

(2)激光或超声波车辙仪:包括多点激光或超声波车辙仪、线激光车辙仪和线扫描激光车辙仪等类型,通过激光测距技术或激光成像和数字图像分析技术得到车道横断面相对高程数据,并按规定模式计算车辙深度。

要求激光或超声波车辙仪有效测试宽度不小于 3.2m,测点不少于 13 点,测试精度 1mm。

(3)横断面尺:如图 T 0973-2 所示。横断面尺为硬木或金属制直尺,刻度间距 5cm,长度不小于一个车道宽度。顶面平直,最大弯曲不超过 1mm,两端有把手及高度为 10~20cm 的支脚,两支脚的高度相同。

(4)量尺:钢板尺、卡尺、塞尺,量程大于车辙深度,刻度至 1mm。

(5)其他:皮尺、粉笔等。

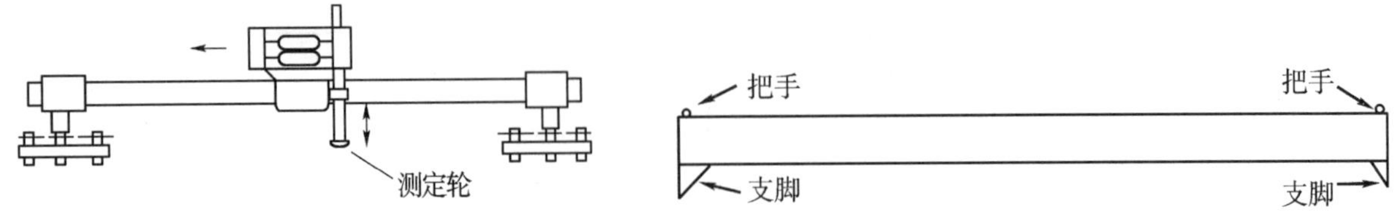

图 T 0973-1 路面横断面仪　　图 T 0973-2 路面横断面尺

3 方法与步骤

3.1 车辙测定的基准测量宽度应符合下列规定:

(1)对高速公路及一级公路,以发生车辙的一个车道两侧标线宽度中点到中点的距离为基准测量宽度。

(2)对二级及二级以下公路,有车道区画线时,以发生车辙的一个车道两侧标线宽度中点到中点的距离为基准测量宽度;无车道区画线时,以形成车辙部位的一个设计车道宽作为基准测量宽度。

3.2 以一个评定路段为单位,用激光车辙仪连续检测时,测定断面间隔不大于 10m。用其他方法非连续测定时,在车道上每隔 50m 作为一测定断面,用粉笔画上标记进行测定。根据需要也可按附录 A 的方法在行车道上随机选取测定断面,在特殊需要的路段如交叉口前后可予加密。

3.3 采用激光或超声波车辙仪的测试步骤如下:

(1)将检测车辆就位于测定区间起点前。

(2)启动并设定检测系统参数。

(3)启动车辙和距离测试装置,开动测试车沿车道轮迹位置且平行于车道线平稳行驶,测试系统自动记录出每个横断面和距离数据。

(4)到达测定区间终点后,结束测定。

(5)系统处理软件按照图 T 0973-3 规定的模式通过各横断面相对高程数据计算车辙深度。

3.4 采用路面横断面仪的测试步骤如下:

(1)将路面横断面仪就位于测定断面上,方向与道路中心线垂直,两端支脚立于测定车道的两侧边缘,记录断面桩号。

(2)调整两端支脚高度,使其等高。

(3)移动横断面仪的测量器,从测定车道的一端移至另一端,记录出断面形状。

3.5 采用横断面尺的测试步骤如下:

(1)将横断面尺就位于测定断面上,两端支脚置于测定车道两侧。

(2)沿横断面尺每隔 20cm 一点,用量尺垂直立于路面上,用目平视测记横断面尺顶面与路面之间的距离,准确至 1mm。如断面的最高处或最低处明显不在测定点上应加测该点距离。

(3)记录测定读数,绘出断面图,最后连接成圆滑的横断面曲线。

(4)横断面尺也可用线绳代替。

(5)当不需要测定横断面,仅需要测定最大车辙时,亦可用不带支脚的横断面尺架在路面上由目测确定最大车辙位置用尺量取。

4 计算

4.1 根据断面线按图 T 0973-3 的方法画出横断面图及顶面基准线。通常为其中之一种形式。

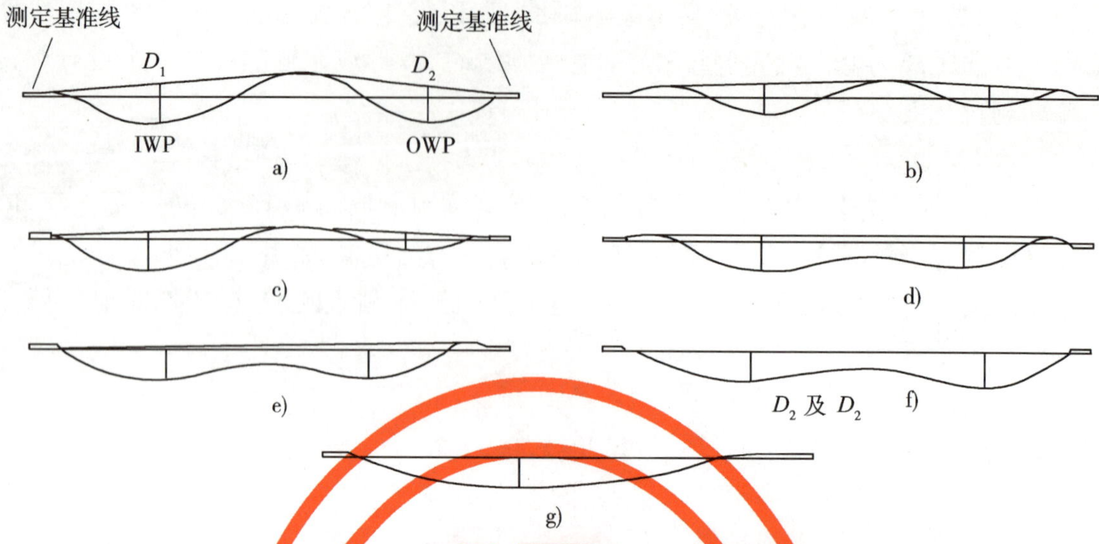

图 T 0973-3　不同形状、不同程度的路面车辙示意图

注：IWP、OWP 表示内侧轮迹带及外侧轮迹带。

4.2　在图上确定车辙深度 D_1 及 D_2，读至 1mm。以其中最大值作为断面的最大车辙深度。

4.3　求取各测定断面最大车辙深度的平均值作为该评定路段的平均车辙深度。

5　报告

测试报告应记录下列事项：

(1)采用的测定方法。

(2)路段描述，包括里程桩号、路面结构及横断面、使用年限、交通情况等。

(3)各测定断面的横断面图。

(4)各测定断面的最大车辙深度表。

(5)各评定路段的最大车辙深度及平均车辙深度。

(6)根据测定目的应记录的其他事项或数据。

条文说明

车辙是路面常见的损坏形式，尤其对实行渠化交通的汽车专用公路更是如此。本方法参照国外有关试验方法编写。

车辙测定方法各国不尽相同(表 T 0973)，早期最基本的原理是用直尺架在车道上测定直尺与车辙底部的距离，但直尺长度又不一致。美国 AASHTO 路面设计指南以前规定用 1.2m 直尺；美国战略公路研究计划长期路面使用性能(SHRP-LTPP)项目统一规定，除以前已使用 1.2m 直尺观测的路面需继续用 1.2m 直尺观测外，所有路面都应采用一个车道宽度的直尺观测；日本一直规定用一个车道宽度的直尺。如果一个车道的车辙是W形,轮迹轨迹集中,两种方法测定的结果可能没有差别,但如果车辙不是W形而是U形,或者虽然是W形而中间鼓出的少两边鼓出的多,则一个车辙的宽度大于2m,用1.2m或2m直尺就不能量出最大车辙深度。结合我国实际情况,除少数高速公路或城市道路主干线分道行驶非常严格者车辙宽度较窄外,大多数二级以下公路车辙均比较宽,有些属U形。因此,本试验法采用目前国外通行的方法,规定直尺长度不小于一个车道宽度。

图T 0973-3的横断面图概括了不同形状及不同程度的车辙。由于造成车辙的原因不同(沥青混合料推挤流动、压密、路基压实、沉降)以及车轮横向分布的不同,车辙形状是不同的。

表T 0973 几种车辙测定方法

国 家	仪 器 名 称	方 法	测定间隔
美国 AASHTO (1987)	1.2m直尺	直尺中最大垂直变形	7m
美国 SHRP (LTPP)	车道全宽直尺自动测定车	直尺中最大垂直变形	30.5m
瑞典	自动测定车(激光)	测定横断面用直尺法(一车道宽度),决定最大垂直变形	5m
英国	自动测定车(HRM)	后轴中部一个激光器测定与路面的距离,将其与平地上的距离之差作为车辙	10m
美国(南达科他州)	SDDOT横断面仪	超声波测距仪在两侧轮中及后轴中央测三点与路面距离(h_1、h_2、h_3),车辙由$(h_1+h_3-h_2)/2$得到	15m
日本	横断面仪自动测定车直尺法、全宽拉线法(全宽)	测定横断面后决定最大垂直变形	20m

14 施 工 控 制

T 0981—2008 热拌沥青混合料施工温度测试方法

1 目的与适用范围

本方法适用于检测热拌热铺沥青混合料的施工温度,包括拌和厂沥青混合料的出厂温度、施工现场的摊铺温度、碾压开始时混合料的内部温度及碾压终了的内部温度等,供施工质量检验和控制使用。

2 仪具与材料技术要求

本方法需要下列仪具与材料:

(1)温度计:常温至300℃,最小读数1℃,宜采用有数字显示或度盘指针显示的金属杆插入式热电偶温度计,测杆的长度不小于300mm。

(2)其他:棉纱、软布、螺丝刀等。

3 方法与步骤

3.1 在运料卡车上测试

(1)混合料出厂温度或运输至现场温度应在运料卡车上测试,每车检测一次。当运料卡车的侧面中部有专用的温度检测孔(距底板高约300mm)时,可采用如图T 0981所示的方法,用插入式温度计直接插入测试孔内的混合料中测试;当运料卡车无专用的温度检测孔时,可在运料车的混合料堆上部侧面测试。在拌和厂检测的为混合料出厂温度,在运输至现场后检测的为现场温度。

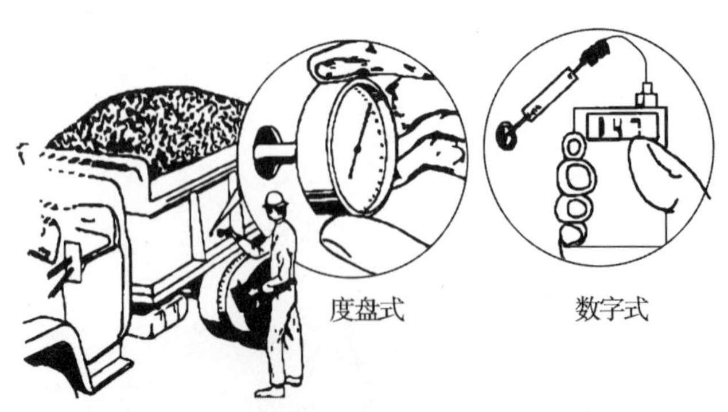

图 T 0981 在运料车上测试沥青混合料温度的方法

(2)测试时,温度计插入深度不小于150mm,注视温度变化直至不再继续上升为止,读记温度,准确至1℃。

3.2 在摊铺现场检测

(1)混合料摊铺温度宜在摊铺机的一侧拨料器前方的混合料堆上测试。在测试位置将温度计插入混合料堆内150mm以上,并跟着向前走,如料堆向前滚,拔出后重新插入,注视温度变化直至不再继续上升为止,读记温度,准确至1℃。

(2)摊铺温度应每车检测一次,要求符合现行《公路沥青路面施工技术规范》(JTG F40)的规定。

3.3 在沥青混合料碾压过程中测定压实温度

(1)根据需要,随时选择初压开始、复压或终压成形等各个阶段的测点,供测试碾压温度及碾压终了温度用。

(2)将温度计仔细插入路面混合料压实层一半深度,轻轻压紧温度计旁被松动的混合料;当温度上升停止后,立即拔出并再次插入旁边的混合料层中测量;当测杆插入路面较困难时,可用螺丝刀先插一孔后再插入温度计。注视温度变化至不再继续上升为止,读记温度,准确至1℃。

(3)压实温度一次检测不得少于3个测点,取平均值作为测试温度。

4 报告

(1)每车沥青混合料的出厂温度、到达现场温度、摊铺温度。

(2)压实温度,取3次以上测定值的平均值。

(3)气候状况、测定时间、层位、测定位置等。

条文说明

热拌热铺沥青混合料的施工温度,包括拌和温度、摊铺温度、碾压温度等,在现行《公路沥青路面施工技术规范》(JTG F40)中有明确的规定和具体的要求。沥青混合料的施工温度直接关系到沥青路面的施工质量,所以是施工质量管理的重点项目之一,为此将其测试方法列入本规程。

各种施工温度的测试方法系根据实践经验并参照国外有关试验规程编写。在运料卡车侧面测试的方法摘自美国沥青路面的有关规范(MS-4)。在压实的沥青路面上测试往往不易准确,这是由于温度计插入有困难,插入时与沥青混合料有间隙的缘故,所以往往要在一处测定后立即插入旁边的混合料层中再测一次。

T 0982—1995 沥青喷洒法施工沥青用量测试方法

1 目的与适用范围

本方法适用于检测沥青表面处治、沥青贯入式、透层、黏层等采用喷洒法施工的沥青材料喷洒数量,供施工质量检验和控制使用。

2 仪具与材料技术要求

本方法需要下列仪具与材料:

(1)天平或磅秤:感量不大于 10g。

(2)受样盘:浅搪瓷盘或自制铁皮盘,面积不小于 1 000cm^2,也可用硬质牛皮纸代替。

(3)钢卷尺或皮尺。

(4)地秤。

3 方法与步骤

3.1 用钢卷尺测量受样盘开口面积或牛皮纸的面积,计算准确至 0.1cm^2。并称取受样盘或牛皮纸的质量 m_1,准确至 1g。

3.2 根据沥青洒布车的沥青用量预计洒布的路段长度,在距两端 1/3 长度附近的洒布宽度的任意位置上,放置 2 个搪瓷盘或硬质牛皮纸,但应躲开车轮轨迹。

3.3 沥青洒布车按正常施工速度和洒布方法喷洒沥青。

3.4 将已接受有沥青的搪瓷盘或牛皮纸仔细取走,称取总质量 m_2,准确至 1g。当采用牛皮纸时,应待沥青稍凝固并将四角稍稍抬起,以防沥青流失。

3.5 搪瓷盘或牛皮纸取走后的空白处,应采用适当方式补洒沥青。

3.6 沥青洒布车喷洒的沥青用量亦可用洒布车喷洒沥青的总质量及洒布总面积相除求得。此时洒布车喷洒前后的质量应由地秤称重正确测定,洒布总面积由皮尺测量求得。

4 计算

4.1 洒布的沥青用量按式(T 0982)计算。

$$Q = \frac{m_2 - m_1}{F} \tag{T 0982}$$

式中:Q——沥青洒布车洒布的沥青用量(kg/m^2);

m_1——搪瓷盘或牛皮纸质量(kg);

m_2——搪瓷盘或牛皮纸与沥青的合计质量(kg);

F——搪瓷盘或牛皮纸的面积(m^2)。

4.2 计算所放置的各搪瓷盘或牛皮纸测定值的平均值。当两个测定值的误差不超过平均值的 10%时,取两个数据的平均值作为洒布沥青用量的报告值。

5 报告

(1)试验时洒布车的车速、挡数等数据。

(2)施工路段(桩号)、洒布沥青用量的逐次测定值及平均值。

条文说明

对沥青表面处治及贯入法施工来说，沥青洒布量是最重要的质量指标之一，也是施工质量管理及检查验收用的主要项目，为此将其测试方法列入本规程。本方法根据工程实践经验编写。

用搪瓷盘或牛皮纸测量时，面积较小，或者全路段洒布不均，为此本方法规定也可用洒布车沥青总量及洒布的总面积相除计算平均用量。这种宏观控制的方法往往更加有效。

T 0983—2008 沥青混合料质量总量检验方法

1 目的与适用范围

本方法适用于在热拌沥青混凝土路面施工过程中对各层沥青混合料的厚度、矿料级配、油石比及拌和温度进行现场监测。通过拌和厂对混合料生产质量的总量检验，计算摊铺层的平均压实层厚度。

2 仪具与材料技术要求

(1)拌和机类型：按现行《公路沥青路面施工技术规范》(JTG F40)的规定选用。

(2)高速公路和一级公路宜采用间歇式拌和机生产沥青混合料，拌和机必须配备计算机自动采集及记录打印数据的装置，以进行沥青混合料的总量检验。

3 方法与步骤

3.1 准备工作

(1)对拌和机的各种称重传感器逐个认真标定，自动采集、记录打印的结果应经过校验，如与实际数量有差异时应求出修正系数，保证各项施工参数的准确性。

(2)开始拌和前应设定每拌和一盘沥青混合料的生产量，各个热料仓、矿粉、沥青等的标准配合比用量，设定各项施工温度。

3.2 沥青混合料质量总量测试步骤

(1)拌和过程中计算机通过传感器采集每拌和一盘混合料的各项数据，由计算机自动处理或者逐盘打印这些数据，进行沥青混合料质量的在线监测。当计算机能够实时监测、自动处理、显示、保存所采集的各项数据时，也允许不逐锅打印数据，只打印汇总统计值。

(2)计算机必须逐盘采集各项数据，按各个料仓的筛分曲线，逐锅计算出矿料级配，与工程设计级配范围及容许的施工波动范围进行比较,实时评定矿料级配是否符合要求。当发现有不合格情况时,必须引起注意。如果连续3锅以上都出现不合格情况,宜对设定值进行适当调整。

(3)计算机必须逐盘采集沥青结合料的实际使用量及沥青混合料的生产量,计算油石比(或沥青用量),与设计值及容许的波动范围相比较,评定是否符合要求。如果连续3锅以上不符要求,宜对设定值进行适当调整。

(4)计算机必须实时监测和采集与沥青混合料生产有关的各种施工温度,与施工规范的要求进行比较,评定其是否符合规定。

3.3 沥青混合料总量检验的计算方法

(1)总量检验的报告周期可以是一个工作日或一个台班。施工停止时,计算机应自动计算并及时打印出各项数据的统计结果。

(2)对沥青混合料的矿料级配,可以打印全部筛孔的结果,但评定是否符合要求可只对5个控制性筛孔(0.075mm、2.36mm、4.75mm、公称最大粒径、一档较粗的控制性粒径等筛孔)。并按式(T 0983-1)、式(T 0983-2)、式(T 0983-3)计算全过程各种指标的平均值、标准差、变异系数,进行沥青混合料生产质量的总量检验。

$$K_0 = \frac{K_1 + K_2 + \cdots + K_N}{N} \tag{T 0983-1}$$

$$S = \sqrt{\frac{(K_1 - K_0)^2 + (K_2 - K_0)^2 + \cdots + (K_N - K_0)^2}{N - 1}} \tag{T 0983-2}$$

$$C_V = \frac{S}{K_0} \tag{T 0983-3}$$

式中: K_0——该报告周期的平均值(%);

S——一个报告周期的测定值的标准差(%);

C_V——一个报告周期的测定值的变异系数(%);

K_1、K_2、…、K_N——该报告周期内每一盘的测定值(%);

N——该报告周期内总的拌和盘数,其自由度为 $N-1$。

3.4 计算摊铺层的平均压实厚度

利用一个评定周期的沥青混合料总生产量、施工总面积、沥青混合料密度按式(T 0983-4)计算该摊铺层的平均压实厚度。

$$H = \frac{\sum m_i}{A \times d} \times 1\,000 \tag{T 0983-4}$$

式中:H——该评定周期沥青路面摊铺层的平均施工压实厚度(mm);

m_i——每一盘沥青混合料的质量;

i——依次记录的盘次;

$\sum m_i$——一个评定周期内沥青混合料的总生产量(t);

A——该评定周期沥青路面摊铺层的实际总面积(m^2);

d——评定周期内摊铺层的现场压实密度的平均值,由钻孔试件的干燥密度(即试验室标准密度乘以压实度)测定得到(t/m^3)。

4 其他

(1)沥青混合料生产过程中的动态质量管理按现行《公路沥青路面施工技术规范》(JTG F40)的方法进行。

(2)一个沥青层全部铺筑完成后,应绘制出各个检测指标的变化过程,并计算总的平均值、标准差、变异系数。计算各个指标的总合格率,作为施工质量检验的依据。

(3)计算机采集、计算的沥青混合料过程控制及施工质量总量检验的数据图表,均必须按要求随工程档案一起存档。

条文说明

沥青路面的过程控制是保证施工过程中不出次品的手段。由于将原来的事后检查改为过程控制,本规程增加了沥青混合料质量总量检验的内容。

就我们目前的施工水平而言,能够做到过程控制的项目并不多,为此本规程重点规定了沥青混合料生产过程中的在线监测项目。这就要求每拌和一盘沥青混合料就基本上了解其质量是否满足要求,这是真正意义上的过程控制。如果暂时做不到每一盘控制的话,可对每一天混合料的总量进行检验,这是肯定可以做到的。对沥青混合料质量的检验,以前都是采用抽提筛分,现在还不能将其舍弃,因为总量检验的准确性(关键是称重传感器)需要互相校验。

对沥青路面厚度,以前多通过钻孔取得试件进行检验,数据少,还可能人为地舍弃一些数据;采用每天实际的生产量与铺筑面积计算,将能得到比较准确的平均厚度。以后随着技术水平的提高,能够实行过程控制的项目将会不断增多,施工质量管理的水平也将得到发展和提高。

T 0984—2008 半刚性基层透层油渗透深度测试方法

1 目的与适用范围

本方法适用于测定半刚性基层透层油的渗透深度,以评价透层油的渗透效果。

2 仪具与材料技术要求

本方法需要下列仪具与材料:

(1)路面取芯钻机。

(2)钢板尺:量程不大于200mm,最小刻度1mm。

(3)填补钻孔材料:与基层材料相同。

(4)填补钻孔用具:夯、锤等。

(5)其他:毛刷、量角器、棉布等。

3 方法与步骤

3.1 准备工作

在透层油基本渗透或喷洒 48h 后,在测试段内随机选取芯样位置,按本规程 T 0901 中的钻孔法钻取芯样。芯样直径宜为 ϕ100mm,也可为 ϕ150mm,芯样高度不宜小于 50mm。

3.2 测试步骤

(1)用水和毛刷(或棉布等)轻轻地将芯样表面黏附的粉尘除净。

(2)将芯样晾干,使其能分辨出芯样侧立面透层油的下渗情况。

(3)用钢板尺或量角器将芯样顶面圆周随机分成约 8 等份,分别量测圆周上各等分点处透层油渗透的深度(mm),估读至 0.5mm,分别以 $d_i(i=1,2,\cdots,8)$表示,见图 T 0984。

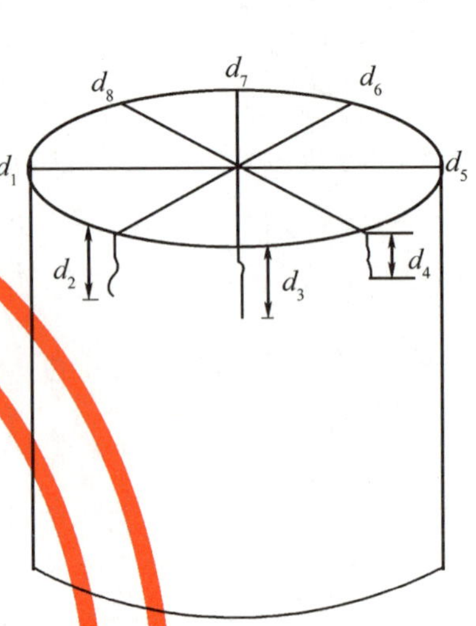

图 T 0984 透层油渗透深度测试示意图

3.3 填补钻孔

(1)清理孔中残留物,钻孔时留下的积水应用棉布吸干。

(2)采用与基层相同的材料(包括配合比)进行填补,并用夯、锤击实。

4 计算

4.1 单个芯样渗透深度的计算

去掉 3 个最小值,计算其他 5 点渗透深度的算术平均值。

4.2 测试路段渗透深度的计算

取所有芯样渗透深度的算术平均值。

注:检查频度为每 5 000m^2 取 1 组,每组 3 个芯样。

5 报告

透层油渗透深度的报告应记录各测点的位置及各个芯样的渗透深度测试值。

条文说明

我国 2004 年版以前的《公路沥青路面施工技术规范》中,一直没有明确半刚性基层上喷洒透层油的渗透深度要求,加上长期以来由于半刚性基层上透层油的渗透效果不好以及部分工程技术人员对透层油的渗透效果不重视,造成道路建设过程中普遍存在透层油"洒而不透"的现状,致使基层和面层之

JTG

间没有黏结成一整体，成为我国沥青路面早期损坏的主要因素之一。认识到这个情况，《公路沥青路面施工技术规范》(JTG F40—2004)中明确要求："根据基层类型选择渗透性好的液体沥青、乳化沥青、煤沥青作透层油，喷洒后通过钻孔或挖掘确认透层油渗透入基层的深度宜不小于5mm（无机结合料稳定集料基层）~10mm(无结合料基层)，并能与基层联结成为一体。"但是关于如何确认渗透深度，没有标准的方法。根据近几年的工程实践经验，本次规程修订提出了测定半刚性基层透层油渗透效果的方法。

在半刚性基层上喷洒透层油后通过钻芯取样可以发现，如果基层表面的某处刚好有一块石料，那么该处透层油无论如何都不会下渗，即下渗深度接近零。这种情况其实与透层油的渗透效果没有关系，此时应将该点作为畸异点剔除。

通过多次试验发现，一个芯样上按顶面圆周8等分后的各渗透点表面可能碰到石料的平均次数约为3个，因此在测试方法中规定每个芯样剔除3个最小值后再取剩余5点的平均值作为该芯样的渗透深度。

《公路沥青路面施工技术规范》(JTG F40—2004)中没有规定透层油渗透深度测试时的取样频度，本试验方法建议检查频度每5 000m^{2}取1组，每组3个芯样，以渗透深度的算术平均值评价是否达到规范的要求。

附录 A　公路路基路面现场测试随机选点方法

1　目的与适用范围

1.1　随机取样选点的方法是按数理统计原理在路基路面现场测定时决定测定区间、测定断面、测点位置的方法。

1.2　本方法适于公路路基路面各个层次及各种现场测定时,为采取代表性试验数据而决定测定区间、测定断面、测定位置时使用。

2　仪具及材料技术要求

本方法需要下列仪具及材料:

(1)量尺: 钢尺、皮尺等。

(2)硬纸片: 编号从 1 ~ 28 共 28 块,每块大小 2.5cm × 2.5cm,装在一个布袋中。

(3)骰子:2 个。

(4)其他: 毛刷、粉笔等。

3　测定区间或断面决定方法

3.1　路段确定。根据路面施工或验收、质量评定方法等有关规范决定需要检测的路段。它可以是一个作业段、一天完成的路段或路线全程。在路基路面工程检查验收时,通常以 1km 为一个检测路段。此时,检测路段的确定也按本方法的步骤进行。

3.2　将确定的测试路段划分为一定长度的区间或按桩号间距(一般为 20m)划分若干个断面,将其编号为第 n 个区间或第 n 个断面,其总的区间数或断面数为 T。

3.3　从布袋中随机摸出一块硬纸片,硬纸片上的号数即表 A-1 上的栏号,从 1 ~ 28 栏中选出该栏。

3.4　按照测定区间数、断面数的频度要求(总的取样数 n,当 $n > 30$ 时应分次进行),依次找出与 A 列中 01、02、……、n 对应的 B 列中的值,共 n 对对应的 A、B 值。

3.5　将 n 个 B 值与总的区间数或断面数 T 相乘,四舍五入成整数,即得到 n 个断面的编号,与 A 样的 1、2、……、n 对应。

例如：按照有关规范规定，拟从 K36 + 000 ~ K37 + 000 的 1km 检测路段中选择 20 个断面测定路面宽度、高程、横坡等外形尺寸，断面决定方法如下。

(1)1km 总长的断面数 $T = 1\ 000/20 = 50$ 个，编号 1，2，……，50。

(2)从布袋中摸出一块硬纸片，其编号为 14，即使用表 A-1 的第 14 栏。

(3)从第 14 栏 A 列中挑出小于或等于 20 所对应的 B 列数值，将 B 与 T 相乘，四舍五入得到 20 个断面号，并得到 20 个断面的桩号，如表 A-2 所列。

4 测点位置确定方法

4.1 从布袋中任意取出一块硬纸片，纸片上的号数即为表 A-1 中的栏号，从 1 ~ 28 栏中选出该栏。

表 A-1 一般取样的随机数

栏号 1			栏号 2			栏号 3			栏号 4			栏号 5			栏号 6			栏号 7			栏号 8		
A	B	C	A	B	C	A	B	C	A	B	C	A	B	C	A	B	C	A	B	C	A	B	C
15	0.033	0.578	05	0.048	0.879	21	0.013	0.220	18	0.089	0.716	17	0.024	0.863	30	0.030	0.901	12	0.029	0.386	09	0.042	0.07
21	0.101	0.300	17	0.074	0.156	30	0.036	0.853	10	0.102	0.330	24	0.060	0.032	21	0.096	0.198	18	0.112	0.284	17	0.141	0.411
23	0.129	0.916	18	0.102	0.191	10	0.052	0.746	14	0.111	0.925	26	0.074	0.639	10	0.100	0.161	20	0.114	0.848	02	0.143	0.221
30	0.158	0.434	06	0.105	0.257	25	0.061	0.954	28	0.127	0.840	07	0.167	0.512	29	0.133	0.388	03	0.121	0.656	05	0.162	0.899
24	0.177	0.397	28	0.179	0.447	29	0.062	0.507	24	0.132	0.271	28	0.194	0.776	24	0.138	0.062	13	0.178	0.640	03	0.285	0.016
11	0.202	0.271	26	0.187	0.844	18	0.087	0.887	19	0.285	0.899	03	0.219	0.166	20	0.168	0.564	22	0.209	0.421	28	0.291	0.034
16	0.204	0.012	04	0.188	0.482	24	0.105	0.849	01	0.326	0.037	29	0.264	0.284	22	0.232	0.953	16	0.221	0.311	08	0.369	0.557
08	0.208	0.418	02	0.028	0.577	07	0.139	0.159	30	0.334	0.938	11	0.282	0.262	14	0.259	0.217	29	0.235	0.356	01	0.436	0.386
19	0.211	0.798	03	0.214	0.402	01	0.175	0.647	22	0.405	0.295	14	0.379	0.994	01	0.275	0.195	28	0.254	0.941	20	0.450	0.289
29	0.233	0.07	07	0.245	0.080	23	0.196	0.873	05	0.421	0.282	13	0.394	0.405	06	0.277	0.475	11	0.287	0.199	18	0.455	0.789
07	0.260	0.073	15	0.248	0.831	26	0.240	0.981	13	0.451	0.212	06	0.410	0.157	02	0.296	0.497	02	0.336	0.992	23	0.488	0.715
17	0.262	0.308	29	0.261	0.037	14	0.255	0.374	02	0.461	0.023	15	0.438	0.700	27	0.311	0.144	15	0.393	0.488	14	0.498	0.276
25	0.271	0.18	30	0.302	0.883	06	0.310	0.043	06	0.487	0.539	22	0.453	0.635	05	0.351	0.141	19	0.437	0.655	15	0.503	0.342
06	0.302	0.672	21	0.318	0.088	11	0.316	0.653	08	0.497	0.396	21	0.472	0.824	17	0.370	0.811	24	0.466	0.773	04	0.515	0.693
01	0.409	0.406	11	0.376	0.936	13	0.324	0.585	25	0.503	0.893	05	0.488	0.118	09	0.388	0.484	14	0.531	0.014	16	0.532	0.112
13	0.507	0.693	14	0.430	0.814	12	0.351	0.275	15	0.594	0.603	01	0.525	0.222	04	0.410	0.073	09	0.562	0.678	22	0.557	0.357
02	0.575	0.654	27	0.438	0.676	20	0.371	0.535	27	0.620	0.894	12	0.561	0.980	25	0.471	0.530	06	0.601	0.675	11	0.559	0.620
18	0.591	0.318	08	0.467	0.205	08	0.409	0.495	21	0.629	0.841	08	0.652	0.508	13	0.486	0.779	10	0.612	0.859	12	0.650	0.216
20	0.610	0.821	09	0.474	0.138	16	0.445	0.740	17	0.691	0.583	18	0.668	0.271	15	0.515	0.867	26	0.673	0.112	21	0.672	0.320
12	0.631	0.597	10	0.492	0.474	03	0.494	0.929	09	0.708	0.689	30	0.736	0.634	23	0.567	0.798	23	0.738	0.770	13	0.709	0.273
27	0.651	0.281	13	0.498	0.892	27	0.543	0.387	07	0.709	0.012	02	0.763	0.253	11	0.618	0.502	21	0.753	0.614	07	0.745	0.687
04	0.661	0.953	19	0.511	0.520	17	0.625	0.171	11	0.714	0.049	23	0.804	0.140	28	0.636	0.148	30	0.758	0.851	30	0.780	0.285
22	0.692	0.089	23	0.591	0.770	02	0.699	0.073	23	0.720	0.695	25	0.828	0.425	26	0.650	0.741	27	0.765	0.563	19	0.845	0.097
05	0.779	0.346	20	0.604	0.730	19	0.702	0.934	03	0.748	0.413	10	0.843	0.627	16	0.711	0.508	07	0.780	0.534	26	0.846	0.366
09	0.787	0.173	24	0.654	0.330	22	0.816	0.802	02	0.781	0.603	16	0.858	0.849	19	0.778	0.812	04	0.818	0.187	29	0.861	0.307
10	0.818	0.837	12	0.728	0.523	04	0.838	0.166	26	0.830	0.384	04	0.903	0.327	07	0.804	0.675	17	0.837	0.353	25	0.906	0.874
14	0.905	0.631	16	0.753	0.344	15	0.904	0.116	04	0.843	0.002	09	0.912	0.382	08	0.806	0.952	05	0.854	0.818	24	0.919	0.809
26	0.912	0.376	01	0.806	0.134	28	0.969	0.742	12	0.884	0.582	27	0.935	0.162	18	0.841	0.414	01	0.867	0.133	10	0.952	0.555
28	0.920	0.163	22	0.878	0.884	09	0.974	0.046	29	0.926	0.700	20	0.970	0.582	12	0.918	0.114	08	0.915	0.538	06	0.961	0.504
03	0.945	0.140	25	0.939	0.162	05	0.977	0.494	16	0.951	0.601	19	0.975	0.327	03	0.992	0.399	25	0.975	0.584	27	0.969	0.811

续上表

栏号 9			栏号 10			栏号 11			栏号 12			栏号 13			栏号 14			栏号 15			栏号 16		
A	B	C	A	B	C	A	B	C	A	B	C	A	B	C	A	B	C	A	B	C	A	B	C
14	0.061	0.935	26	0.038	0.023	27	0.074	0.779	16	0.078	0.987	03	0.033	0.091	26	0.035	0.175	15	0.023	0.979	19	0.062	0.588
02	0.065	0.097	30	0.066	0.371	06	0.084	0.396	23	0.087	0.056	07	0.047	0.391	17	0.089	0.363	11	0.118	0.465	25	0.08	0.218
03	0.094	0.228	27	0.073	0.876	24	0.098	0.524	17	0.096	0.076	28	0.064	0.113	10	0.149	0.681	07	0.134	0.172	09	0.131	0.295
16	0.122	0.945	09	0.095	0.568	10	0.133	0.919	04	0.153	0.163	12	0.066	0.360	28	0.238	0.075	01	0.139	0.230	18	0.136	0.381
18	0.156	0.430	05	0.180	0.741	15	0.187	0.079	10	0.254	0.834	26	0.076	0.552	13	0.244	0.767	16	0.145	0.122	05	0.147	0.864
25	0.193	0.469	12	0.200	0.851	17	0.227	0.767	06	0.284	0.628	30	0.087	0.101	24	0.262	0.366	20	0.165	0.520	12	0.158	0.365
24	0.224	0.672	13	0.259	0.327	20	0.236	0.571	12	0.305	0.616	02	0.127	0.187	08	0.264	0.651	06	0.185	0.481	28	0.214	0.184
10	0.225	0.223	21	0.264	0.681	01	0.245	0.988	25	0.319	0.901	06	0.144	0.068	18	0.285	0.311	09	0.211	0.316	14	0.215	0.757
09	0.233	0.338	17	0.283	0.645	04	0.317	0.291	01	0.320	0.212	25	0.202	0.674	02	0.340	0.131	14	0.248	0.348	13	0.224	0.846
20	0.290	0.120	23	0.363	0.063	29	0.350	0.911	08	0.416	0.372	01	0.247	0.025	29	0.353	0.478	25	0.249	0.890	15	0.227	0.809
01	0.297	0.242	20	0.364	0.366	26	0.380	0.104	13	0.432	0.556	23	0.253	0.323	06	0.359	0.270	13	0.252	0.577	11	0.280	0.898
11	0.337	0.760	16	0.395	0.363	28	0.425	0.864	02	0.489	0.827	24	0.320	0.651	30	0.387	0.248	30	0.273	0.088	01	0.331	0.925
19	0.389	0.064	02	0.423	0.540	22	0.487	0.526	29	0.503	0.787	10	0.328	0.365	14	0.392	0.694	18	0.277	0.689	10	0.399	0.992
13	0.411	0.474	08	0.432	0.736	05	0.552	0.571	15	0.518	0.717	27	0.338	0.412	03	0.408	0.077	22	0.372	0.958	30	0.417	0.787
30	0.447	0.893	10	0.475	0.468	14	0.564	0.357	28	0.524	0.998	13	0.356	0.991	27	0.440	0.280	10	0.461	0.075	08	0.439	0.921
22	0.478	0.321	03	0.508	0.774	11	0.572	0.306	03	0.542	0.352	16	0.401	0.792	22	0.461	0.830	28	0.519	0.536	20	0.472	0.484
29	0.481	0.993	01	0.601	0.417	21	0.594	0.197	19	0.585	0.462	17	0.423	0.117	16	0.527	0.003	17	0.520	0.090	24	0.498	0.712
27	0.562	0.403	22	0.687	0.917	09	0.607	0.524	05	0.695	0.111	21	0.481	0.838	20	0.531	0.486	03	0.523	0.519	04	0.516	0.396
04	0.566	0.179	29	0.697	0.862	19	0.650	0.572	07	0.733	0.838	08	0.560	0.401	25	0.678	0.360	26	0.573	0.502	03	0.548	0.688
08	0.603	0.758	11	0.701	0.605	18	0.664	0.101	11	0.744	0.948	19	0.564	0.190	21	0.725	0.014	19	0.634	0.206	23	0.597	0.508
15	0.632	0.927	07	0.728	0.498	25	0.674	0.428	18	0.793	0.748	05	0.571	0.054	05	0.787	0.595	24	0.635	0.810	21	0.681	0.114
06	0.707	0.107	14	0.745	0.679	02	0.697	0.674	27	0.802	0.967	18	0.587	0.584	15	0.801	0.927	21	0.679	0.841	02	0.739	0.298
28	0.737	0.161	24	0.819	0.444	03	0.767	0.928	21	0.826	0.487	15	0.604	0.145	12	0.836	0.294	27	0.712	0.368	29	0.792	0.038
17	0.846	0.130	15	0.840	0.823	16	0.809	0.529	24	0.835	0.832	11	0.641	0.298	04	0.854	0.982	05	0.780	0.497	22	0.829	0.324
07	0.874	0.491	25	0.863	0.568	30	0.838	0.294	26	0.855	0.142	22	0.672	0.156	11	0.884	0.928	23	0.861	0.106	17	0.834	0.647
05	0.880	0.828	06	0.878	0.215	13	0.845	0.470	14	0.861	0.462	20	0.674	0.887	19	0.886	0.832	12	0.865	0.377	16	0.909	0.608
23	0.931	0.659	18	0.930	0.601	08	0.855	0.524	20	0.874	0.625	14	0.752	0.881	07	0.929	0.932	29	0.882	0.635	06	0.914	0.420
26	0.960	0.365	04	0.954	0.827	07	0.867	0.718	30	0.929	0.056	09	0.774	0.560	09	0.932	0.206	08	0.902	0.020	27	0.958	0.356
21	0.978	0.194	28	0.963	0.004	12	0.881	0.722	09	0.935	0.582	29	0.921	0.752	01	0.970	0.692	04	0.951	0.482	26	0.981	0.976
12	0.982	0.183	19	0.988	0.020	23	0.937	0.872	22	0.947	0.797	04	0.959	0.099	23	0.973	0.082	02	0.977	0.172	07	0.983	0.624

续上表

栏号 17			栏号 18			栏号 19			栏号 20			栏号 21			栏号 22			栏号 23			栏号 24		
A	B	C	A	B	C	A	B	C	A	B	C	A	B	C	A	B	C	A	B	C	A	B	C
13	0.045	0.004	25	0.027	0.290	12	0.052	0.075	20	0.030	0.881	01	0.01	0.946	12	0.051	0.032	26	0.051	0.187	08	0.015	0.521
18	0.086	0.878	06	0.057	0.571	30	0.075	0.493	12	0.034	0.291	10	0.014	0.939	11	0.068	0.980	03	0.53	0.256	16	0.068	0.994
26	0.126	0.990	26	0.059	0.026	28	0.120	0.341	22	0.043	0.893	09	0.032	0.346	17	0.089	0.309	29	0.100	0.159	11	0.118	0.400
12	0.128	0.661	07	0.105	0.176	27	0.145	0.689	28	0.143	0.073	06	0.093	0.180	01	0.091	0.371	13	0.102	0.465	21	0.124	0.565
30	0.146	0.337	18	0.107	0.358	02	0.209	0.957	03	0.15	0.937	15	0.151	0.012	10	0.100	0.709	24	0.11	0.316	18	0.153	0.158
05	0.169	0.470	22	0.128	0.827	26	0.272	0.818	04	0.154	0.867	16	0.185	0.455	30	0.121	0.774	18	0.114	0.300	17	0.190	0.159
21	0.244	0.433	23	0.156	0.440	22	0.299	0.317	19	0.158	0.359	07	0.227	0.227	02	0.166	0.056	11	0.123	0.208	26	0.192	0.676
23	0.270	0.849	15	0.171	0.157	18	0.306	0.475	29	0.304	0.615	02	0.304	0.400	23	0.179	0.529	09	0.138	0.182	01	0.237	0.030
25	0.274	0.407	08	0.220	0.097	20	0.311	0.653	06	0.369	0.633	30	0.316	0.074	21	0.187	0.051	06	0.194	0.115	12	0.283	0.077
10	0.290	0.925	20	0.252	0.066	15	0.348	0.156	18	0.390	0.536	18	0.328	0.799	22	0.205	0.543	22	0.234	0.480	03	0.286	0.318
01	0.323	0.490	04	0.268	0.576	16	0.381	0.710	17	0.403	0.392	20	0.352	0.288	28	0.23	0.688	20	0.274	0.107	10	0.317	0.374
24	0.352	0.291	14	0.275	0.302	01	0.411	0.607	23	0.404	0.182	26	0.371	0.216	19	0.243	0.001	21	0.331	0.292	05	0.337	0.844
15	0.361	0.155	11	0.297	0.589	13	0.417	0.715	01	0.415	0.457	19	0.448	0.754	27	0.267	0.990	08	0.346	0.085	25	0.441	0.336
29	0.374	0.882	01	0.358	0.305	21	0.472	0.484	07	0.437	0.696	13	0.487	0.598	15	0.283	0.440	27	0.382	0.979	27	0.469	0.786
08	0.432	0.139	09	0.412	0.089	04	0.478	0.885	24	0.446	0.546	12	0.546	0.640	16	0.352	0.089	07	0.387	0.865	24	0.473	0.237
04	0.467	0.266	16	0.429	0.834	25	0.479	0.080	26	0.485	0.768	24	0.550	0.038	03	0.377	0.648	28	0.411	0.776	20	0.475	0.761
22	0.508	0.880	10	0.491	0.203	11	0.566	0.104	15	0.511	0.313	03	0.604	0.780	06	0.397	0.769	16	0.444	0.999	06	0.557	0.001
27	0.632	0.191	28	0.542	0.306	10	0.576	0.859	10	0.517	0.290	22	0.621	0.930	09	0.409	0.428	04	0.515	0.993	07	0.610	0.238
16	0.661	0.836	12	0.563	0.091	29	0.665	0.397	30	0.556	0.853	21	0.629	0.154	14	0.465	0.406	17	0.518	0.827	09	0.617	0.041
19	0.675	0.629	02	0.593	0.321	19	0.739	0.298	25	0.561	0.837	11	0.634	0.908	13	0.499	0.651	05	0.539	0.620	13	0.641	0.648
14	0.680	0.890	30	0.692	0.198	14	0.748	0.759	09	0.574	0.699	05	0.696	0.459	04	0.539	0.972	02	0.623	0.271	22	0.664	0.291
28	0.714	0.508	19	0.705	0.445	08	0.758	0.919	13	0.613	0.762	23	0.710	0.078	18	0.560	0.747	30	0.637	0.374	04	0.668	0.856
06	0.719	0.441	24	0.709	0.717	07	0.798	0.183	11	0.698	0.783	29	0.726	0.585	26	0.575	0.892	14	0.714	0.364	19	0.717	0.232
09	0.735	0.040	13	0.820	0.739	23	0.834	0.647	14	0.715	0.179	17	0.749	0.916	29	0.756	0.712	15	0.730	0.107	02	0.776	0.504
17	0.741	0.906	05	0.848	0.866	06	0.837	0.978	16	0.770	0.128	04	0.802	0.186	20	0.760	0.920	19	0.771	0.552	29	0.797	0.548
11	0.747	0.205	27	0.867	0.633	03	0.849	0.964	08	0.815	0.385	14	0.835	0.319	05	0.847	0.925	23	0.780	0.662	14	0.823	0.223
20	0.850	0.047	03	0.883	0.333	24	0.851	0.109	05	0.872	0.490	08	0.870	0.546	25	0.872	0.891	10	0.924	0.888	23	0.848	0.264
02	0.859	0.356	17	0.900	0.443	05	0.859	0.835	21	0.885	0.999	28	0.871	0.539	24	0.874	0.135	12	0.929	0.204	30	0.892	0.817
07	0.870	0.612	21	0.914	0.483	17	0.863	0.220	02	0.958	0.177	25	0.971	0.369	08	0.911	0.215	01	0.937	0.714	28	0.943	0.190
03	0.916	0.463	29	0.950	0.753	09	0.883	0.147	27	0.961	0.980	27	0.984	0.252	07	0.946	0.065	25	0.974	0.398	15	0.975	0.962

续上表

栏号 25			栏号 26			栏号 27			栏号 28			栏号 25			栏号 26			栏号 27			栏号 28		
A	B	C	A	B	C	A	B	C	A	B	C	A	B	C	A	B	C	A	B	C	A	B	C
02	0.039	0.005	16	0.026	0.102	21	0.050	0.952	29	0.042	0.039	05	0.126	0.658	20	0.136	0.576	07	0.197	0.013	03	0.210	0.054
16	0.061	0.599	01	0.033	0.886	17	0.085	0.403	07	0.105	0.293	14	0.161	0.189	05	0.158	0.228	16	0.125	0.363	23	0.234	0.533
26	0.068	0.054	04	0.088	0.686	10	0.141	0.624	25	0.115	0.420	18	0.166	0.040	10	0.216	0.565	08	0.222	0.520	13	0.266	0.799
11	0.073	0.812	22	0.090	0.602	05	0.154	0.157	09	0.126	0.612	28	0.248	0.171	02	0.233	0.610	13	0.269	0.477	20	0.305	0.603
07	0.123	0.649	13	0.114	0.614	06	0.164	0.841	10	0.205	0.144	06	0.255	0.117	07	0.278	0.357	02	0.288	0.012	05	0.372	0.223
15	0.261	0.928	30	0.405	0.273	25	0.333	0.633	26	0.385	0.111	19	0.420	0.557	19	0.510	0.207	27	0.587	0.643	14	0.483	0.095
10	0.301	0.811	06	0.421	0.807	28	0.348	0.710	30	0.422	0.315	21	0.467	0.943	03	0.512	0.329	12	0.603	0.745	12	0.507	0.375
24	0.363	0.025	12	0.426	0.583	20	0.362	0.961	17	0.453	0.783	17	0.494	0.225	15	0.640	0.329	29	0.619	0.895	28	0.509	0.748
22	0.378	0.792	08	0.471	0.708	14	0.511	0.989	02	0.460	0.916	09	0.620	0.081	09	0.665	0.354	23	0.623	0.333	21	0.583	0.804
27	0.389	0.959	18	0.473	0.738	26	0.540	0.903	27	0.467	0.841	30	0.623	0.106	14	0.680	0.884	22	0.629	0.076	22	0.587	0.993
03	0.625	0.777	26	0.703	0.622	18	0.670	0.904	16	0.689	0.339	01	0.841	0.726	21	0.870	0.435	03	0.844	0.511	19	0.896	0.464
08	0.651	0.790	29	0.739	0.394	11	0.711	0.253	06	0.727	0.298	29	0.862	0.009	28	0.906	0.397	30	0.858	0.289	18	0.916	0.384
12	0.715	0.599	25	0.759	0.386	01	0.790	0.392	04	0.731	0.814	25	0.891	0.873	23	0.948	0.367	09	0.929	0.199	01	0.948	0.610
23	0.782	0.093	24	0.803	0.602	04	0.813	0.611	08	0.807	0.983	04	2.917	0.264	11	0.956	0.142	24	0.931	0.263	11	0.976	0.799
20	0.810	0.371	27	0.842	0.491	19	0.843	0.732	15	0.833	0.757	13	0.958	0.990	17	0.993	0.989	15	0.939	0.947	24	0.978	0.636

4.2 按照测点数的频度要求(总的取样为 n)依次找出栏号的取样位置数,每个栏号均有 A、B、C 三列。根据检验数量 n(当 $n>30$ 时应分次进行),在所定栏号的 A 列,找出等于所需取样位置数的全部数,如 01、02、……、n。

表 A-2　路面宽度、高程、横坡检测断面随机选点计算表

断面编号	14 栏 A 列	B 列	$B\times T$	断面号	桩号
1	17	0.089	4.45	4	K36 + 080
2	10	0.149	7.45	7	K36 + 140
3	13	0.244	12.2	12	K36 + 240
4	08	0.264	13.2	13	K36 + 260
5	18	0.285	14.25	14	K36 + 280
6	02	0.340	17.05	17	K36 + 340
7	06	0.359	17.95	18	K36 + 360
8	20	0.387	19.35	19	K36 + 380
9	14	0.392	19.60	20	K36 + 400
10	03	0.408	20.40	20	K36 + 420
11	16	0.527	26.35	26	K36 + 520
12	05	0.797	39.85	40	K36 + 800
13	15	0.801	40.05	40	K36 + 820
14	12	0.836	41.8	42	K36 + 840
15	04	0.854	42.7	43	K36 + 860
16	11	0.884	44.2	44	K36 + 880
17	19	0.886	44.3	44	K36 + 900
18	07	0.929	46.45	46	K36 + 920
19	09	0.932	46.6	47	K36 + 940
20	01	0.970	48.5	49	K36 + 980

4.3 确定取样位置的纵向距离，找出与 A 列中相对应的 B 列中数值，以此数乘以检测区间的总长度，并加在该段的起点桩号上，即得出取样位置距该段起点的距离或桩号。

4.4 确定取样位置的横向距离，找出与 A 列中相对应的 C 列中的数值，以此数乘以检查路面的宽度，再减去宽度的一半，即得出取样位置离路面中心线的距离。如差值是正（+），表示在中心线的右侧；如差值是负（-），表示在中心线的左侧。

例如：按照有关规范规定，检查验收时拟在 K36+000～K37+000 的 1km 检测路段中选择 6 个测点进行钻孔取样检验压实度、沥青用量和矿料级配等，钻孔位置决定方法如下。

(1)选定的随机栏号为 3。

(2)栏号 3 中 A 列从上至下小于或等于 6 的数为 01、06、03、02、04 及 05。

(3)表 A-1 的 B 列中与这 6 个数相应的 6 个小数为 0.175、0.310、0.494、0.699、0.838 及 0.977。

(4)取样路段长度 1 000m，计算得出 6 个乘积(取样位置与该段起点的距离)分别为 175m、310m、494m、699m、838m、977m。

(5)表 A-1 的 C 列中与这 6 个数相应的 6 个小数为 0.647、0.043、0.929、0.073、0.166 及 0.494。

(6)路面宽度为 10m，计算得 6 个乘积分别是 6.47、0.43、9.29、0.73、1.66 及 4.94m。再减去路面宽度的一半，6 个取样的横向位置分别是右侧 1.47m、左侧 4.57m、右侧 4.29m、左侧 4.27m、左侧 3.34m 及左侧 0.06m。

上述计算结果可采用表 A-3 的方式表示。

表 A-3 钻孔位置随机取样选点计算表

栏号 3			取样路段长 1 000m			路面宽度 10m	测点数 6 个
测点编号	A 列	B 列	距起点距离(m)	桩号	C 列	距路边缘距离(m)	距中线位置(m)
NO.1	01	0.175	175	K36+175	0.647	6.47	右 1.47
NO.2	06	0.310	310	K36+310	0.043	0.43	左 4.57
NO.3	03	0.494	494	K36+494	0.929	9.29	右 4.29
NO.4	02	0.699	699	K36+699	0.073	0.73	左 4.27
NO.5	04	0.838	838	K36+838	0.166	1.66	左 3.34
NO.6	05	0.977	977	K36+977	0.494	4.94	左 0.06

条文说明

公路现场测定采用随机取样是非常重要的，尽管我国已推行多年，但使用并不普遍，主要是各施工规范、质量评定标准及相关试验方法要求不明确。本方法是美国各种规范通用且已实行多年的方法，我国《公路路面基层施工技术规范》(JTJ 034—2000)也已列入。本附录 A 是参照这些规范编写的，并结合本规程的情况作了具体说明。

对于连续测量的自动化检测设备，不必按本方法进行选点。

附录 B　检测路段数据整理方法

1　目的与适用范围

1.1　根据相关规范的规定计算一个评定路段内测定值的平均值、标准差、变异系数,计算测定值与设计值之差,按照数理统计原理计算一个评定路段内测定值的代表值。

1.2　计算代表值所使用的保证率,根据相关规范的规定采用。

2　计算

2.1　按式(B-1)计算实测值 X_i 与设计值 X_0 之差。

$$\Delta X_i = X_i - X_0 \tag{B-1}$$

式中:X_i——各个测点的测定值;

X_0——设计值;

ΔX_i——实测值 X_i 与设计值 X_0 之差。

2.2　测定值的平均值、标准差、变异系数、绝对误差、精度等按式(B-2)~式(B-6)计算。

$$\overline{X} = \frac{\Sigma X_i}{N} \tag{B-2}$$

$$S = \sqrt{\frac{\Sigma(X_i - \overline{X})^2}{N - 1}} \tag{B-3}$$

$$C_V = \frac{S}{\overline{X}} \times 100 \tag{B-4}$$

$$m_X = \frac{S}{\sqrt{N}} \tag{B-5}$$

$$p_X = \frac{m_X}{\overline{X}} \times 100 \tag{B-6}$$

式中:X_i——各个测点的测定值;

N——一个评定路段内的测点数;

$\overline{X}$——一个评定路段内测定值的平均值;

C_V——一个评定路段内测定值的变异系数(%);

m_X——一个评定路段内测定值的绝对误差;

p_X——一个评定路段内测定值的试验精度(%)。

2.3 计算一个评定路段内测定值的代表值时，对单侧检验的指标，按式(B-7)计算；对双侧检验的指标，按式(B-8)计算。

$$X' = \overline{X} \pm S \frac{t_\alpha}{\sqrt{N}} \tag{B-7}$$

$$X' = \overline{X} \pm S \frac{t_{\alpha/2}}{\sqrt{N}} \tag{B-8}$$

式中：X'——一个评定路段内测定值的代表值；

t_α 或 $t_{\alpha/2}$——t 分布表中随自由度($N-1$)和置信水平 α(保证率)而变化的系数，见表 B。

表 B $\frac{t_{\alpha/2}}{\sqrt{N}}$ 和 $\frac{t_\alpha}{\sqrt{N}}$ 的值

测定数 N	双边置信水平的 $t_{\alpha/2}/\sqrt{N}$		单边置信水平 $t_\alpha/\sqrt{N}$	
	保证率 95%	保证率 90%	保证率 95%	保证率 90%
	$\alpha/2$	$\alpha/2$	α	α
2	8.985	4.465	4.465	2.176
3	2.484	1.686	1.686	1.089
4	1.591	1.177	1.177	0.819
5	1.242	0.953	0.953	0.686
6	1.049	0.823	0.823	0.603
7	0.925	0.716	0.716	0.544
8	0.836	0.670	0.670	0.500
9	0.769	0.620	0.620	0.466
10	0.715	0.580	0.580	0.437
11	0.672	0.546	0.546	0.414
12	0.635	0.518	0.518	0.392
13	0.604	0.494	0.494	0.376
14	0.577	0.473	0.473	0.361
15	0.554	0.455	0.455	0.347
16	0.533	0.436	0.436	0.335
17	0.514	0.423	0.423	0.324
18	0.497	0.410	0.410	0.314
19	0.482	0.398	0.398	0.304
20	0.468	0.387	0.387	0.297
21	0.454	0.376	0.376	0.289
22	0.443	0.367	0.367	0.282
23	0.432	0.358	0.358	0.275
24	0.421	0.350	0.350	0.269
25	0.413	0.342	0.342	0.264
26	0.404	0.335	0.335	0.258
27	0.396	0.328	0.328	0.253
28	0.388	0.322	0.322	0.248
29	0.380	0.316	0.316	0.244
30	0.373	0.310	0.310	0.239
40	0.320	0.266	0.266	0.206
50	0.284	0.237	0.237	0.184
60	0.258	0.216	0.216	0.167
70	0.238	0.199	0.199	0.155
80	0.223	0.186	0.186	0.145
90	0.209	0.173	0.173	0.136
100	0.198	0.166	0.166	0.129

3 报告

3.1 根据工程需要及现行相关规范规定,列出一个评定路段内测定值的记录表,记录平均值、标准差、变异系数及代表值。注明不符合规范规定的测点。

3.2 当无特殊规定时,可疑数据的舍弃宜按照 k 倍标准差作为舍弃标准,即在资料分析中,舍弃那些在 $\overline{X} \pm kS$ 范围以外的测定值,然后再重新计算整理。当试验数据 N 为 3、4、5、6 个时,k 值分别为 1.15、1.46、1.67、1.82,$N \geq 7$ 时,k 值宜采用 3。

条文说明

参照《公路土工试验规程》(JTG E40—2007)附录 A“试验成果的分析整理方法”编写。